U0664776

/100位

为新中国成立作出突出贡献的英雄模范人物/

冼 星 海

田 野/编著

★

吉林出版集团 | 吉林文史出版社

图书在版编目（CIP）数据

冼星海 / 田野编著. -- 长春：吉林文史出版社，
2011.4（2024.5重印）
（100位为新中国成立作出突出贡献的英雄模范人物）
ISBN 978-7-5472-0542-6

Ⅰ．①冼… Ⅱ．①田… Ⅲ．①冼星海（1905～1945）
—生平事迹 Ⅳ．①K825.76

中国版本图书馆CIP数据核字(2011)第050720号

冼星海

XIANXINGHAI

编著/ 田野

选题策划/ 王尔立　责任编辑/ 王尔立

装帧设计/ 韩璘

出版发行/ 吉林文史出版社

地址/ 长春市福祉大路5788号　邮编/ 130118

电话/ 0431-81629363　传真/ 0431-86037589

印刷/ 天津海德伟业印务有限公司

版次/ 2011年4月第1版 2024年5月第8次印刷

开本/ 640mm×920mm　1/16

印张/ 9　字数/ 100千

书号/ ISBN 978-7-5472-0542-6

定价/ 29.80元

《100位为新中国成立作出突出贡献的英雄模范人物》丛书

★★★★★

编 委 会

主　任　　张自强　高　磊

副主任　　王东炎　徐　潜　张　克　王尔立

编　委　　郭家宁　尚金州　龚自德　张菲洲

　　　　　张宇雷　褚当阳　丁龙嘉　孙硕夫

　　　　　李良明　闫勋才

100位

为新中国成立作出突出贡献的英雄模范人物

八女投江	于化虎	小叶丹	马本斋	马立训	方志敏
毛泽民	毛泽覃	王尔琢	王尽美	王克勤	王若飞
邓 萍	邓中夏	邓恩铭	韦拔群	冯 平	卢德铭
叶 挺	叶成焕	左 权	诺尔曼·白求恩		任常伦
关向应	刘老庄连	刘伯坚	刘志丹	刘胡兰	吉鸿昌
向警予	寻淮洲	戎冠秀	朱 瑞	江上青	江竹筠
许继慎	阮啸仙	何叔衡	佟麟阁	吴运铎	吴焕先
张太雷	张自忠	张学良	张思德	旷继勋	李 白
李 林	李大钊	李公朴	李兆麟	李硕勋	杨 殷
杨子荣	杨开慧	杨虎城	杨靖宇	杨闇公	萧楚女
苏兆征	邹韬奋	陈延年	陈树湘	陈嘉庚	陈潭秋
冼星海	周文雍、陈铁军夫妇		周逸群	明德英	林祥谦
罗亦农	罗忠毅	罗炳辉	郑律成	恽代英	段德昌
贺 英	赵一曼	赵世炎	赵尚志	赵博生	赵登禹
闻一多	埃德加·斯诺		夏明翰	格里戈里·库里申科	
狼牙山五壮士	聂 耳	郭俊卿	钱壮飞	黄公略	
彭 湃	彭雪枫	董存瑞	董振堂	谢子长	鲁 迅
蔡和森	戴安澜	瞿秋白			

前　言

　　每个人的心中都多少有一点英雄情结，都向往英雄、景仰英雄。也正因此，在中华人民共和国建国六十周年之际，由中央十一部委联合组织开展的"100位为新中国成立作出突出贡献的英雄模范人物和100位新中国成立以来感动中国人物"的评选活动中，群众参与投票总数近一亿。这其中的每一张选票，都表达了人们对英雄模范的崇敬之情，寄托着对伟大祖国的美好祝福。

　　一个民族不能没有英雄，否则这个民族就不会强大。当国家危难之时，懦弱者选择了逃避、妥协甚至投降，英雄们却挺身而出，用热血捍卫民族的尊严，人民的幸福。在创立和建设新中国的伟大历程中，涌现出无数可歌可泣的英雄模范人物。他们之中，有为了民族独立和人民解放而英勇牺牲的革命先烈，有为了党和人民的事业而不懈奋斗的优秀共产党员，有在全民族抗战中顽强奋战、为国捐躯的爱国将士，有英勇杀敌的战斗英雄和革命群众，有积极从事进步活动的著名民主爱国人士和国际友人……他们是民族的脊梁、祖国的骄傲，是激励全体人民团结奋斗的精神力量。

　　《100位为新中国成立作出突出贡献的英雄模范人物传记》丛书，就像一部星光璀璨的英雄谱，真实、完整地记录了英雄模范人物不平凡的一生，再现了他们非凡的人格魅力和精神世界。"头颅可断腹可剖"的铁血将军杨靖宇，"毫不利己，专门利人"的白求恩，"抗战军人之魂"张自忠，"砍头不要紧"的夏明翰，"俯首甘为孺子牛"的文化斗士鲁迅……一串串闪光的名字，一个个动人的故事，犹如群星闪烁，光耀中华。

　　如今，战火已熄，硝烟已散，英雄已逝，我们沐浴在和平的幸福之中。在和平年代，人们不会忘记为今日的和平浴血奋战的英雄们，英雄的故事永远不会结束。让我们用英雄的故事唤醒我们心中的激情，为中华民族的伟大复兴而奋斗。

生平简介

冼星海（1905-1945），男，汉族，广东省番禺县人，出生于澳门，中共党员。

冼星海1918年从新加坡回国进入岭南大学附中。1928年进入上海国立音专学习音乐，1929年去巴黎勤工俭学，1931年考入巴黎音乐院高级作曲班学习。1935年回国后，积极参加抗日救亡运动，创作了大量战斗性的群众歌曲，并为进步影片《壮志凌云》、话剧《复活》等谱写音乐。抗战开始后，他参加上海救亡演剧二队，后去武汉与张曙一起负责开展救亡歌咏运动。1935年至1938年间，创作了《救国军歌》、《只怕不抵抗》、《游击军》、《到敌人后方去》、《在太行山上》等各种类型的声乐作品。1938年，前往延安担任鲁迅艺术学院音乐系主任，并在"女大"兼课。教学之余，创作了不朽的名作《黄河大合唱》等作品。1940年5月，他受党组织派遣去苏联为大型纪录片《延安与八路军》配乐。后因战乱和交通阻隔而难以归国。其间，他写有交响曲《民族解放》、管弦乐组曲《满江红》、管弦《中国狂想曲》以及小提琴曲作品等近三百件。撰写并发表了《聂耳——中国新兴音乐的创造者》、《论中国音乐的民族形式》等大量音乐论文。由于长期劳累和营养不良，致使肺病加重，1945年病逝于莫斯科。

1905-1945

[XIANXINGHAI]

◀ 冼星海

目 录 MULU

■我们怀念冼星海（代序） / 001

■苦难童年（1905-1918） / 001

海边少年 / 002
1905年6月13日，冼星海诞生在澳门海边一个贫苦的
渔民家庭。渔民们那些诉说着生活之欢乐与苦难的歌
声，给他上了第一堂音乐课。

0-6岁

7-12岁

流离南洋 / 007
外祖父去世后，冼星海跟随母亲辗转来到新加坡。母
亲靠给人家做佣工供冼星海读书。冼星海的音乐天赋
得到老师的称赞，他彻底迷上了音乐。

■追梦之旅（1918-1929） / 013

"南国箫手" / 014
13岁的冼星海随母亲回到祖国，一年后进入岭南大学
附中学习。他加入学校的管弦乐队，并获得"南国箫
手"的美誉。他还对小提琴产生了浓厚的兴趣。

13-18岁

19-20岁

半工半读 / 019
作为贵族学府中的穷小子，冼星海为了完成学业，只能
一边工作，一边读书。沉重的生活负担和如痴如醉的音
乐学习，使他根本无暇他顾。

北上寻梦 / 024

为了继续自己的音乐梦想，冼星海又开始了在北大音乐传习所半工半读的岁月。然而，在兵荒马乱的岁月里，这样的梦想是何其奢侈！

21—22岁

辗转上海 / 028

锲而不舍，来到上海继续追梦！在上海国立音乐院，冼星海加入了田汉组织的南国社。他结识了一些新朋友，也坚定了自己的音乐梦。

23岁

■求学巴黎（1929–1935） / 033

矢志不渝 / 034

一贫如洗的冼星海几经辗转终于来到巴黎。为了生活，冼星海做过各种各样低贱的工作，仍常常处于失业和饥饿之中，但什么都阻止不了他学习音乐的热情。深夜，"蜜蜂窝"里传出小提琴声。

24岁

拜得名师 / 040

经马思聪帮忙，冼星海拜在著名小提琴家奥别多菲尔先生门下。好心的奥别多菲尔又给冼星海引荐了丹第教授、加隆教授、里昂古特教授和拉拜教授等音乐大师。冼星海离自己的梦想越来越接近了。

24—25岁

梦想成真 / 044

冼星海的音乐才华赢得了杜卡斯教授的称赞。最终，这个来自中国的穷小子考取了巴黎音乐院的高级作曲班。当被问到想要什么奖品时，冼星海只吐出了两个字："饭票。"

26岁

刻苦求学 / 049

腐败的国民党当局一直不给冼星海解决官费津贴问题，他只好继续过着半工半读的生活，一边东奔西跑打工赚钱，一边争分夺秒、废寝忘食地学习音乐。

26—30岁

心向祖国 / 054

1935年春天，冼星海以优异的成绩从巴黎音乐院高级作曲班毕业。他放弃了留在法国发展的机会，决心回到多灾多难的祖国。

30岁

■人民歌手（1935-1938） / 059

报国无门 / 060

冼星海一直惦记着举办归国音乐作品汇报会。可是他跑遍了整个上海滩，却找不到一家愿意接收他的单位。交响乐团里的洋人演奏员对他的讥笑和嘲弄，更让冼星海气愤万分！

30岁

拒绝收买 / 065

国难当头，冼星海决心向田汉、聂耳等音乐家学习，用自己的音乐去抒发被压迫人民的心声，为抗日救国的神圣事业作出自己的贡献。为此，他义正严词地拒绝了国民党政府的高薪收买。

30岁

救国军歌 / 069

随着《战歌》、《救国军歌》在全国各地广为传唱，冼星海的名字开始被越来越多的人们所熟知。百代公司把他的歌曲灌制成唱片，投放市场后，迅速打破了公司其他唱片的销售记录。

31-32岁

奔赴战区 / 074

抗日烽火席卷祖国大地，冼星海毅然投身救亡，走上了抗日宣传的征途。他参加洪深组织的上海救亡演剧第二队，先后奔赴开封、洛阳、武汉等地宣传，一路风雨一路歌。

32岁

歌咏运动 / 079

1938年，抗日统一战线成立，冼星海被推举为政治部三厅音乐科主任，与张曙共同主持武汉抗战音乐运动。他谱写的《到敌人后方去》、《游击军》和《在太行山上》等抗战歌曲，通过群众的演唱传遍祖国各地。

33岁

■燃情岁月（1938-1945） / 089

党的召唤 / 090

国民党反动派下令不准演唱冼星海创作的救亡歌曲。在周恩来的关怀下，延安鲁迅艺术学院全体师生给冼星海寄来一封热情洋溢的邀请信。1938年10月，冼星海和他的新婚妻子钱韵玲奔赴延安。

33岁

"鲁艺"教授 / 094

虽然延安各方面条件都很艰苦，但冼星海却活得快乐而充实。在他的时间安排表里，除了睡眠，就是学习，接待客人、备课、教学和创作。

33岁

创作高峰 / 100

延安像个温暖的大家庭，为冼星海进一步研究、探索中国民族音乐的特点和创作中国民族的新音乐提供了有利条件。在这一段日子里，冼星海忘我地工作，从而达到了他艺术生命的顶峰。

33岁

唱响"黄河" / 105

冼星海与老朋友光未然再度合作。光未然用五天时间完成了《黄河大合唱》的歌词，冼星海连续奋战两个星期，为之写好全部乐章和乐队伴奏总谱。毛主席观看完《黄河大合唱》的演出后，连声说："好！好！好！"

34岁

蜚声海外 / 113

1939年5月，冼星海被任命为"鲁艺"音乐系主任。6月加入中国共产党。作为中国民族精神的一种象征，《黄河大合唱》被人带到美国，登上了国际舞台，逐渐蜚声海外。

34岁

魂断异国 / 122

1940年5月，冼星海受党中央委托前往苏联，后辗转乌兰巴托、阿拉木图等地，一直从事与音乐有关的工作。1945年10月30日，病逝于莫斯科克里姆林宫医院。

35-40岁

■后记　不朽的音符永远流传于世 / 127

我们怀念冼星海（代序）

他是亘古以来世所罕见的一代奇才；

他似电光石火划破夜空的闪烁流星；

他谱写了一曲传唱千秋的黄钟大吕；

他，就是人民音乐家冼星海。

即便不是专修音乐的人，也一定听说过冼星海这个响亮的名字。而与这个名字紧紧联系在一起的，即是那首著名的音乐史诗作品——《黄河大合唱》。

雄壮的音调，磅礴的气势，深厚的感情，在艰苦岁月中，《黄河大合唱》曾鼓舞中国人民抗击日本侵略者的斗争；今天，它依然能唤起华夏子孙的民族凝聚力，为中华在新世纪的振兴与兴旺发挥着巨大的感召作用。

诞生数十年来，《黄河大合唱》一直作为正义力量的象征，以其穿越时空的巨大魅力，在炎黄子孙中代代传唱！

实际上，除了《黄河大合唱》，冼星海留给我们的精神财富还有很多，值得我们铭记和深思——

如他为了理想而矢志不渝的拼搏精神。出身于贫苦人家的冼星海，为学习音乐，曾先后辗转于新加坡、广州、北京、上海和法国巴黎等地，几乎从中学时代起，就一直过着半工半读的艰苦生活。尤其是在巴黎求学期间，举目无亲的他所面临的困难更是常人难以想象的。为了不至于饿死街头，冼星海做过各种各样低贱卑微的工作：餐馆跑堂、咖啡店侍者、理发店澡堂的小工……他甚至曾经饿昏在路边，差点被当做死尸送进停尸房。然而，就是在这样的生活条件下，冼星海依然锲而不舍地坚持音乐梦想，终于如愿以偿地考进了巴黎音乐院，并且在没有得到一分钱官费资助的情况下，最终艰难地完成了学业。在冼星海身上，凝聚着夸父追日的伟大激情，精卫填海的必胜信念，愚公移山的坚强毅力以及唐僧取经的执著精神。一个人如果具备了这样的精神，还有什么困难不能克服，什么梦想不能实现呢？

还有他一心为民族发出呼声的爱国情怀。冼星海生活在灾难深重、战乱频仍的年代，他既没有选择留在异国他乡安享太平独善其身，也没有选择依附于国民党的腐败势力苟且偷生，相反，他以瘦弱之躯毅然投身救亡，加入到宣传抗战的进步队伍；他以笔为枪，以音乐为武器，用手中的旋律吹响革命的号角，鼓舞被压迫人民的士气，振奋华夏民族的精神！在延安的艰苦岁月，他思绪飞扬，激情难抑，勤奋忘我地工作，从而达到了艺术生命的最高峰。《黄河大合唱》《生产大合唱》等一系列大师级作品横空出世，声震寰宇！即便是在羁留异国期间，被困厄和疾病缠身的冼星海还坚持写出了交响曲《民族解放》、管弦乐组曲《满江红》、管弦乐《中国狂想曲》等优秀作品，让人不禁想到"春蚕到死丝方尽，蜡炬成灰泪始干"的铮铮誓言！斯爱国之笃志，报国之懿行，着实令人敬仰！

星汉流转，云烟疏淡，岁月流逝，英名永存。冼星海虽然离开了我们，但是他为我们谱写的一曲曲战歌，连同他的精神必将永载史册。

苦难童年

(1905—1918)

→ 海边少年

（0-6岁）

1905年6月13日，冼星海诞生在澳门海边一个贫苦的渔民家庭里。

冼星海祖籍广东番禺，他的先辈是南中国江海上的水上渔民，靠捕鱼、运输和载客为生，到了他祖父这一辈才移居到澳门这块被葡萄牙殖民主义者霸占了上百年的地方。冼星海的父亲冼喜泰虽然定居在岸上，可还是操着水手的祖业。

冼星海的母亲黄苏英也是在澳门出生的广东人，嫁到冼家后，黄苏英与丈夫冼喜泰共同挑起了生活的重担。结婚后不久，他们有了一个儿子，但不幸的是未成年便死去了。夫妻俩忍住悲痛，继续在风浪里奔波。

过了几年，黄苏英又一次怀孕了，冼喜

泰得知自己将后继有人了，高兴得不得了。然而，命运是那样的冷酷无情，就在第二个儿子诞生的半年前，病魔却夺走了冼喜泰的生命。这个勤劳本分的男人在 40 岁的壮年就匆匆离开了人世，遗憾地没能看上儿子一眼。

父亲去世半年后，冼星海呱呱坠地。孤儿寡母，只有一条旧渔船和一张破渔网，整夜陪伴他们的是头顶的星空和脚下的大海——或许，这就是黄苏英给儿子取名为"星海"的原因吧。我们可以想象，在当时的社会中，一个寡居的女人带着一个弱小的婴儿，既没有殷实的家底，又没有亲友相帮，生活该是何等的艰难！迫于无奈，黄苏英只好抱着襁褓中的儿子回到了娘家，投靠冼星海的外祖父黄锦村。从此，祖孙三代相依为命，艰苦度日。

黄苏英把对丈夫的追念，对生活的理想，全都寄托在对小星海的爱抚和教育上。为了孩子，吃苦、受气，一切她都能忍耐；缝缝补补，洗洗浆浆，做佣工，干杂活……甚至是做搬运工等一些女人难以负担的劳动，她都从不拒绝，而是咬紧牙关顶硬上。

晚上，小星海有时候哭闹着不睡觉，母亲就会用皲裂的双手抱起他，轻轻地把他搂在怀里，哼唱一支柔和的曲子：

> 杨柳叶儿，哗啦啦，
>
> 小孩睡觉找他妈。
>
> 乖乖宝贝儿你睡吧，
>
> 蚂虎子来了我打它。

△ 冼星海的家乡

......

在母亲慈爱、柔美的歌声中，小星海甜甜地入睡了。

光阴流转，小星海一天一天地长大了。亚热带的气候和南海的热风将他的皮肤熏染得黝黑，他体格健壮，头发浓密，两眼深黑发亮，长得越来越像父亲。由于从小就跟着外祖父和母亲一起出海，小星海也变得越来越懂事、能干，几岁时就能帮着拖网、洗船，干些力所能及的零活儿。在小星海身上，黄苏英又看到了丈夫的那种勤劳、刚毅和质朴的水手本色。

年老的外祖父特别疼爱这唯一的外孙儿，除

了在生活中尽心尽力照顾小星海，还经常陪着他一起到海边游玩。在海滩，外祖父给小星海拾回五彩缤纷、光怪陆离的贝壳、海螺、珊瑚……这是小星海儿时最好的玩具了。

那时，只要外祖父拿起大海螺，吹出"呜……呜……"的声音，小星海就会高兴得手舞足蹈，咯咯大笑，仿佛这声音是世界上最美妙的音乐，能带给他无限的快乐。

有空的时候，外祖父还会拿出一管竹笛，给小星海吹上几首家乡的民歌。那迷人的乐曲深深地印入了小星海的脑海，也给了他最初的音乐启迪。稍大一些，小星海就开始缠着外祖父教他吹笛，在外祖父手把手的耐心帮助下，小星海很快就能吹得有模有样了。

那时，每当捕鱼归来，小星海就会坐在船头吹起广东的水乡民歌《渔歌》、《渔家怨》等曲子，常常吸引很多渔民围拢过来倾听。小星海非常喜爱外祖父送给他的竹笛，走到哪儿都带着它，他喜欢吹给自己听，也喜欢吹给别人听。有时，他还会吹奏一些自编的调子。悠悠笛声驱走了大家一天的疲劳，使人们忘却了忧愁与烦恼。小星海由此成了远近闻名的小笛手。

外祖父年轻时做过海员，他经常兴致勃勃地给小星海讲航海的故事。从水手们的生活、嗜好、欢乐和痛苦，讲到船老板和洋兵、洋人，从惊险的风暴讲到令人神往的海市蜃楼，这些陈旧却又新奇的故事，常常令小星海听得入了神。从外祖父的口中，小星海知道了世界那么大，又那么复杂，有好人有坏人，也有艰险困难，但这些都能战胜……在他小小的心中，埋下了一颗梦想的种子：长大后，我也要像外祖父那样去远航，走遍五湖四海。每当他把自己的想法告诉给外祖父时，外祖父总是不置可否地捋着胡须哈哈大笑起来。

不过，小星海的母亲黄苏英却是另一番心思。黄苏英虽然不认识多少字，但却非常羡慕那些知书达理的人。她的一生，眼见过多少水手们下南洋，跑美洲，漂泊无定，过着牛马般的生活。她不想让儿子再走他父亲和外祖父走过的路，她想让儿子上学读书，做个有知识、有文化、有出息的人。于是，在小星海 6 岁那年，母亲就把他送进了村里一所私塾学堂，开始念起"四书"、"五经"来："人之初，性本善……"

像千千万万个孩子一样，小星海童稚的心灵不能忍受那些晦涩的文句的束缚。那留着长长发辫的老学究虽然严厉，可是孩子们总有办法从他的监视下逃出来。私塾里有不少都是水手的孩子，他们同样从小就在家族中继承了冒险和幻想的精神。小星海常常同伙伴们结队跑向海边，拾贝壳，筑沙垒，捉迷藏……常常玩得热火朝天，流连忘返，像一群在海边自由自在飞翔的海鸟。

孩子们也喜欢听渔民在闲暇时唱歌、吹弄乐器。有时有跑"龙舟"的民间艺人走来，更会吸引孩子们的兴趣。他们随着艺人挨家挨户地走过，模仿着他们一手托着龙舟，一手敲打锣鼓的姿态，调皮地随着他们的声音哼唱起来：

头帆推起尾正正——啰——

中帆推起船要行——啰——

大船细船去到了——啰——

放掉俺妹无心情——啰——

那些唱歌的阿哥、阿姐、阿姑、阿姨和叔叔伯伯们，那些诉说着渔民生活之欢乐与苦难的歌声，给幼小的冼星海上了第一堂音乐课，也伴随着他走过了人生的童年。

➜ 流离南洋

★★★★★

（7-12岁）

1912年，也就是冼星海7岁那年，一个天大的不幸再一次降临到小星海的头上——最疼爱他的外祖父去世了，母子俩再一次失去了可以依靠的亲人。

埋葬了父亲，黄苏英思前想后，决定带着冼星海离开澳门，到南洋去讨生活。这些年，村里不少人都下了南洋，有的赚了钱，家里人也跟着过上了好日子。黄苏英听说丈夫冼喜泰也有一些亲友在南洋生活，她想，说不定他们能给母子俩一点帮助。

于是，黄苏英变卖了家里的一点薄产，凑了些旅费，带着小星海登上了一条驶往新加坡的小型客轮。

波涛滚滚，轮船乘风破浪，渐渐驶离了澳门港口。小星海依偎在母亲的怀里，不知道即将要面对的是怎样的未来。但在他心里已经隐约地懂得，母亲是为了自己才到处漂泊的，自己一定要认真读书，搞好学业，这样才能不辜负母亲的希望。

实际上，黄苏英也早就对儿子早早懂事而感到骄傲。由于凑到的旅费不多，尚不足以维持母子俩在轮船上的生活，黄苏英就在船上随时找些活计来做：洗甲板、打扫食堂、浆洗缝补……小星海也紧跟在母亲身边帮助做些力所能及的零碎活儿。就这样在海上颠簸了数日后，母子俩终于来到了新加坡。

虽然是身处异国他乡，但好在新加坡的华人很多，到处都可以见到黑头发黄皮肤说着中国

▷ 冼星海用过的小提琴

话的面孔，所以黄苏英母子倒也不觉得完全陌生。在几家热心亲友的帮助下，他们总算把生活安顿了下来。黄苏英被介绍到一个侨商家做佣工，冼星海则先后被介绍到几所学校去继续读书。从私塾里的"四书"、"五经"到英文学校的英文，冼星海所学的东西越来越多，视野和见识也在不断地拓宽和加深。

在学校里，冼星海读书十分用功，各门功课的成绩在班上总是名列前茅。再加上冼星海的性格宽厚、质朴，而且善于吹奏笛子，同学们都十分愿意跟他交往。每当课余之际，不少同学都喜欢围在冼星海身边，听他吹上一曲，美妙的笛声给大家带来了许多欢乐，也大大地活跃了同学们的课余生活。

冼星海的音乐天赋也得到了学校老师的称赞，因此在入学不久，冼星海就加入了学校的军乐队，负责吹奏中国乐器。在学校里，冼星海还接触到了过去很少有机会见到的西方乐器，接触到了与中国音乐截然不同的西方音乐。从课堂上老师教的婉转嘹亮的咏叹调到教堂里发出纯正和声的唱诗班，从庄重典雅的风琴曲到悠扬缠绵的小提琴曲，这些都勾起了冼星海无比浓厚的兴趣。

不知不觉中，冼星海发现自己已经彻底迷上了音乐。为什么人的嗓子能够发出那样美妙的声音？为什么有的音乐惊心动魄、催人行动，有的音乐荡气回肠、令人陶醉？他自己无法解答这些困惑，但他却无数次地暗下决心，一定要去探索这音乐的大花园，一定要进入这神圣而又神秘的艺术王国！

然而，梦想和现实之间总是存在着巨大的差距。由于经济拮据，冼星海常常面临失学的威胁。为了不让儿子中断学业，黄苏英想尽了一切办法，没日没夜地辛勤劳作着，再苦再累的活她都甘愿去做。

黄苏英经常给儿子哼唱一首广东地方小曲——《顶硬上》，歌词唱道：

顶硬上，鬼叫你穷，

哎呵呦呵，哎呵呦呵。

铁打心肝铜打肺，

立实心肠去挨世，

哎呵呦呵，哎呵呦呵。

挨得好发达早，

老来叹番好。

血啊汗啊，穷啊饿啊，

哎呵呦呵，哎呵呦呵。

顶硬上，鬼叫你穷，

顶硬上啊，鬼叫你穷！

这首歌既是黄苏英最喜欢唱的一首歌，也可以说是冼星海的励志歌，激励他从小就要坚韧不屈，不能害怕流血流汗，一旦树立目标，就要顶硬上，去争取、创造美好的未来。

因而，尽管冼星海的求学过程十分艰难，但他总能咬紧牙关，克服重重苦难，一直坚持着走下去。

很多年后，已经成为一名音乐家的冼星海

为《顶硬上》重新谱了曲，用来纪念自己的母亲。这也是他众多音乐作品中唯一一首写给母亲的歌。

追梦之旅

(1918—1929)

→ "南国箫手"

★★★★★

（13-18 岁）

1918 年，冼星海 13 岁了。在新加坡生活了六年的他，已经由一个不谙世事的孩子长成了一个英俊的少年。

这年秋天，在岭南大学新加坡分校——养正中学读完两年高等小学后，冼星海听从养正中学校长林翰林先生的建议，决定回到祖国继续完成学业。于是，母子俩带上了简单的行装，离开新加坡，返回祖国。

回到广州后，他们无处投奔，就暂住在一个一同乘船返回祖国的旅伴家，算是首先解决了住的问题。接着，黄苏英又找到一户人家去做佣工，这又解决了吃的问题。恰好，这家主人是岭南大学的一个职员，他见黄苏英母子俩生活贫寒，却又乐观坚强，就对他们非常同情，于是建议黄苏英加入基督教，让冼星海先去上岭南大学的分校，即基督教青年会所办的义学——因为义学是不收费的，这样可以等他们攒够一些钱后，再争取去念岭南大学本校。

尽管黄苏英对于加入教会并没有多少热情，但一想到可以让儿子免费上学，她还是高兴地接受了这个建议。

入学后不久，一身旧衣、沉默寡言的冼星海就在学校里崭露头角了。原来，学校有一支管乐队，虽然很不完备，也缺少指导，但总还是有单簧管、萨克斯、小号、中音号等几件乐器。这主要是准备在节日或集体活动时，配合着军鼓的砰砰声走在队伍前面以壮声势的。冼星海马上就参加了这支乐队，成为最积极最活跃的一个骨干分子。他把这个乐队组织了起来，使它趋于健全。没有教材，没有指导，他就自己动手，组织同学们坚持练习。随着乐队日渐走向成熟，冼星海在同学当中的威信也越来越高。

一年后，冼星海终于得以升入岭南大学附属中学，母亲也在岭南大学找到了一份洗衣服的工作。母子俩租住在学校附近的一间小木屋里，生活算是暂时稳定了下来。

岭南大学是美国在广州开办的一家教会学校，学生大多是买办富商人家的孩子，吃西餐，讲英文，穿西装，做派很是讲究。冼星海入学后，母亲生怕他受人奚落、侮辱，就东拼西凑，借钱为他做了一套西装。此后，冼星海一年四季总是穿着这一套西装，脖子上围着一条白绸带（因为母亲没钱给他买衬衫和领

△ 广州岭南大学旧址

带）。然而，由于十四五岁的年纪正是长身体的时候，冼星海的这套西装很快就显得小了。尤其是下身的裤子又窄又短，紧紧地裹在小腿上，以至于被那些衣冠楚楚的公子哥儿讽刺为"腊肠"。

对于那些家境富裕的同学投来的异样的目光，冼星海丝毫没有在意。他把全部心思都用在了学习上——不单是课堂上的文化知识，还包括各种音乐知识、各种乐器的演奏等。同时，冼星海还喜爱上了文学、美术、书法等学科。当时，班级里盛行结社，冼星海所在的班级定名为"惺社"，冼星海自告奋勇当上了"惺社"社刊的美术编辑，负责设计每期刊物的封面。冼星海十分喜欢研究书法，在课余练就了一手漂亮的毛笔字。在1923年出版的"惺社"社刊上，冼星海还发表了一篇题为"中国书学略谈"的文章，受到师长和同学的刮目相看。

在附中读书期间，冼星海幸运地加入了岭南大学的管弦乐队。乐队的乐器比较齐全，有大、中、小提琴，长、短笛，单、双簧管，长号、小号、圆号和各种打击乐器。当时乐队中缺少一个单簧管演奏手，冼星海于是欣然同意改吹单簧管。由于刻苦练习，虚心求教，很快，他的单簧管演奏水平就达到了一定的高度。在学校组织的大大小小的欢庆会上，冼星海每次都被邀请去进行单簧管独奏表演。当时，人们习惯于把单簧管称作"洋箫"，冼星海也因此得到了"南国箫手"的美誉。

除了单簧管，冼星海还对小提琴产生了浓厚的兴趣。他用自己省吃俭用积攒下来的钱买下一把小提琴，只要一有时间，就忘我地投入练习。不过，由于冼星海当时已经错过了学习小提琴的最佳年龄，手指的运用和技巧的掌握都显得非常笨拙，因此，有爱开玩笑的同学给他起了一个"宰鸡能手"的绰号。但冼星海对此不以为然，仍然抓住一切可能的时间和机会学习，虽然不够系统，但他的演奏水平仍得到了飞快的提高，并在同学当中出类拔萃。

平时，学校经常从校外聘请专业的教练对乐队进行辅导，通过对世界著名作曲家贝多芬、莫扎特、肖邦等优秀作品的排练和演出，大大提高了管弦乐队的音乐素质和演出水平。当时，在乐队担任教练的一位教授十分欣赏冼星海的才华和刻苦精神，就高兴地收下了冼星海做学生。冼星海经常去这位教授家当面聆听教授的指点。在教授那里，冼星海还听到了许多闻所未闻的优秀音乐作品，知道世界上除了有著名的作曲家贝多芬、莫扎特外，还有海顿、巴赫、勃拉姆斯……

"在我们这个错综复杂的现实世界，在充满苦痛的人世间，只有艺术是最高尚、最神圣、最不朽的。只有艺术才能使你忘掉忧患，脱离物质世界的干扰，只有艺术才能体现出那最真诚的绝对世界。"教授不但教给冼星海很多音乐方面的技能和知识，更坚定了冼星海向音乐王国进发的斗志和决心。

➡ 半工半读

★★★★★
（19-20岁）

音乐给冼星海带来了快乐、荣耀和梦想，也在潜移默化中改变了他的性格。这个原本不善言辞的渔民子弟变得越来越开朗、乐观、自信了。

在班里，冼星海不仅学习努力，成绩出众，而且积极热情地参加各种社会活动。岭南大学有一个青年会，是同学们各种课余活动的中心，其中有经济、交际、美术、音乐、图书、童工部等。冼星海是童工委员，负责岭大附近的村童和几所小学的义务教学。每到星期日，冼星海就和童工部的其他委员一起到邻村小学去教孩子们读书、识字、唱歌和游戏。在这些天真活泼的孩子们中间，冼星海仿佛又回到了自己的童年时代。做这个工作的同时，冼星海也开始留心搜集一些村里的童谣和山歌，这为他日后的音乐创作积累了最原始的素材。

在参加乡村义务教学活动时，冼星海结识了校内同乡司徒乔。司徒乔从小喜爱美术，能画一手好画。通过互相交往，司徒乔和冼星海结下了深厚的友谊。每当冼星海在邻村教孩子们识字唱歌时，司徒乔就架起画架，面对他们，不停地进行速写；每当冼星海在山坡上鼓起腮帮练习吹单簧管时，司徒乔就在旁边支起画架挥笔绘画。

这对好朋友在岭南大学度过了他们青年时代最美好的时光。多年以后，司徒乔在回忆这一段生活时说："和星海在一起的时候，我养成了一面听音乐，一面画画的习惯，而星海也从我的画中获得了美的灵感。"

然而，并不是所有的时间都能用来学习和参加社会活动的，在冼星海读书期间，贫穷始终像影子一样跟随着他。为了补贴家用，冼星海不得不抽出宝贵的时间去做工。在服从学习的条件下，他不能找一个固定的职业，只能是有什么做什么，能够做什么就做什么。最初是帮助母亲揽活儿、打杂儿，做一个孩子体力能够胜任的事。后来，文化程度渐渐提高了，又学会了打字。他在工人夜校教书，在小学里监督自修堂，但也常做体力劳动，为青年会联合会打杂儿。

冼星海虽然体质很好，也很注意运动，但长年缺乏营养，缺乏休息，黑红的脸上常显出青白的颜色。他在壮年时身患多种疾病，就是在少年时埋下的种子。

当时，在岭南大学那样的贵族学府中，任何人都可以从服装上一眼就将冼星海辨认出来。因为只有他一年四季都穿着一套皱巴巴的旧西服，只有在冬季才套上那唯一的一件黑色粗绒高领毛衣。一些富家子弟对冼星海嗤之以鼻，也有的露出恻隐之心，要施舍给他一些衣物。但冼星海总是毫不犹豫地拒绝别人的施舍——他宁愿去辛苦地做工，靠自己的汗水来换钱。

1923 年，岭南大学管弦乐队原指挥离校，学校决定聘请冼星海接任管弦乐队指挥，他欣然接受了任务。于是，每逢开学典礼、周会、交

▽ 司徒乔所作油画《放下你的鞭子》

际会、联欢会、毕业典礼、欢迎会等一些重大场合，岭南大学的师生们总能看见冼星海穿着整齐漂亮的演出服，拿着指挥棒娴熟自如而又激情澎湃地指挥乐队演出。

冼星海的同学瑶华在一篇文章中记录了当时的情景：

每当全体教员学生在那高敞的礼拜堂里集合的时候，就要看到他那高高的身子站在讲台前，双手强力地、活泼地舞动着指挥棍。那些不同品色、不同高低的音乐的波浪就跟着那棍子有节奏地在起伏，许多男女的心情也在那雄伟的或庄严的节奏里统一地拨动着。我每次回想起他来，脑子里最初产生的或最鲜明的印象，就是他在这种时候的背影和手势。

1924 年，冼星海在岭南大学附中毕业。原本，他可以继续读大学，但是因为家中生计，他决定一边选修大学课程，一边工作补贴家用。从这年起，冼星海又开始在学校担任音乐教员。尽管当时教学任务繁重，但冼星海仍是分秒必争，一边尽职尽责地教课，一边坚持不懈地自学音乐。

冼星海在岭南大学的最后三年，是中国历史上极不平静的三年，也是广州处于中国革命风口浪尖的三年。1924 年 1 月，国民党在广州召开"一大"，实现了第一次国共合作；同年 6 月，黄埔陆军军官学校在广州成立，反帝爱国的新思潮迅速弥漫了每一个暗僻的角落；1925 年初，国民政府平定了陈炯明第二次叛乱，同年 6 月广州展开了规模巨大的省港大罢工；1926 年，国民革命军从广州誓师北伐……

整个广州几乎都卷入了革命的大潮，被人们视为"音乐圣地"的岭南大学也卷入其中，抱着不同立场的人们以高涨的政治热情在明争暗斗。冼星海在心里对当时的革命运动怀着深深的、默默的同情，但并没有去参加；而基督教青年会发动的反对学潮和工潮的运动要拉他参加时他也拒绝了。这不单是因为他沉湎于如痴如醉的音乐学习中，更因为沉重的生活负担、每天的工作和在大学里选读的课程压得他喘不过气来，令他根本无暇他顾。

　　这时，冼星海在音乐学习上也产生了一种新的苦闷，他越来越感觉到，这样依靠自学所获得

△ 冼星海在岭南大学乐队（左一为冼星海）

的音乐知识毕竟是缺乏系统的，进展也太缓慢。再加上广州已被日益高涨的政治热情所包围，这里已不能满足他在学习上的进一步要求。为了继续追寻心中的音乐梦想，冼星海决心离开广州，去寻找一个更适合自己的新环境。

他的愿望能够实现吗？

→ 北上寻梦

★★★★★

（21—22岁）

1926年初，冼星海在报纸上看到了北平（即今天的北京）设立北大音乐传习所的消息。这则简短的消息仿佛一道曙光，使冼星海眼前突然一亮。尽管北平距广州迢迢千里，人生地不熟，但他还是下定决心只身前去投考。

听了儿子的打算，母亲黄苏英沉默了。这么多年来，儿子一直跟在她的身边，从来都没有独自出过远门。尽管他现在已经能够替她分担赚钱养家的重担了，但没有亲人在身边，他一个人能应付得了生活吗？但母亲很快又放弃了这个想法，她清楚地知道，她不可能永远都守护着儿子，儿子总有一天要去追寻自己的事业，她早一天放手，儿子也就早一天自立！她相信，凭着儿子的懂事和执著，儿子将来一定会有出息，一定能干出一番事业来！

于是，黄苏英对儿子说："去吧，孩子，不要为我操心，我能照顾好我自己！"

1926 年的夏天，骄阳似火。冼星海拜别母亲，背着行李，一个人来到了北平。为了凑够路费，冼星海的几个好朋友都毫不吝惜地倾囊相助，他自己也狠心地卖掉了心爱的小提琴。

一路风尘仆仆，一路颠沛流离，冼星海终于踏上了北平的土地。

他问了路，独自朝北大音乐传习所寻去。北国凛冽的寒风，吹散了他的头发，也吹乱了他的思绪。从那富有革命朝气的广州一下子跑到这被连年战祸和军阀统治绞杀着的北方，简直就像到了另一个时代、另一个国度。一路上，他看到大片大片的田园荒芜，杂草丛生；骨瘦如柴、衣衫褴褛的大批农民被迫扶老携幼、背井离乡去逃难。现在，京城也是乞丐遍布大街小巷、满目凄凉。

冼星海看着，想着，心里又酸又痛。他不知道在这样的时代，在这样的地方，他的音乐梦想能否得以继续吗。

◁ 肖友梅

　　现实很快给了冼星海一个满意的答案。当
冼星海到音乐传习所面试时，正巧碰上了这里的
负责人肖友梅博士。肖友梅博士祖籍广东中山，
1984 年出生于澳门，曾经考取过清政府的文科
举人，后来远赴德国留学，1916 年获得了莱比锡
大学的哲学博士学位。肖友梅是一位爱国的音
乐家，他在 1920 年回国后，一直致力于音乐教
育工作。他和五四时期许多投身于新文化运动的
知识分子一样，希望通过音乐教育来启迪国人的
个性自由，培养国人的高尚情操，从而达到改善
人生、改良社会的功效。

肖友梅博士第一次见到冼星海，便被眼前这位年轻人对音乐的热爱和不达目的不回头的坚定意志所打动，而熟悉的乡音更增加了肖友梅对冼星海的好感。虽然冼星海没有受过正规的音乐训练，音乐基础不怎么好，而且学习音乐的年龄也偏大，但肖友梅还是决定接收他。为了解决冼星海的生计问题，肖友梅博士还为冼星海安排了一份图书管理员的工作。

　　就这样，冼星海又开始了在北大音乐传习所半工半读的岁月。

　　冼星海非常满意目前的境遇。半工半读，这是他习以为常的，他并不以此为苦。困难的是老感到时间不够用。但这没关系，他正值青春，精力充沛，深夜的苦读补偿了白天时间的不足。他在生活上除了免除饥寒再也没有别的要求，所以得到的一点工资还可以节余一部分来向一位外国音乐家学习小提琴。他又一次把自己埋在书斋和练琴室中。他更加坚定地确信"有志者事竟成"，确信依靠毅力、依靠刻苦奋斗没有做不到的事。

　　在写给母亲的信中，冼星海兴奋地说："我要做一名音乐家的理想，越来越接近了。"

　　然而，这样的安静充实并没有持续多久。北伐战争虽然胜利了，武汉也成立了国民政府，但这一切并没有给中国带来和平稳定。帝国主义势力的纠集、旧军阀的蠢蠢欲动以及蒋介石公然破坏国共合作使得各地学潮不断，工人运动此起彼伏，各种政治力量的对峙和抗衡让整个中国成了一个一触即发的火药桶。冼星海很快就悲哀地发现，他已经不能像在岭南大学时那样对一切都无动于衷地去专门学他的音乐了。战争频仍，时局动荡，不论是从报纸上读到的，还是耳闻目见的，都使得他非常不安。

这一天，冼星海正在练琴室用小提琴演奏着法国作曲家马斯内的《悲歌》，突然，一个同学带着失常的神色走进来，挥着手说："和你的小提琴告别吧，音乐家！你还没听说吗？音乐传习所要解散了！"

⊖ 辗转上海

★★★★★

（23岁）

果然，1927年春天，教育部以"音乐有伤风化"为由解散了北大音乐传习所。

为了继续自己的音乐教育，肖友梅南下上海，在蔡元培和杨杏佛的帮助下，于1927年11月筹建了"国立音乐院"。冼星海和其他一些热爱音乐的同学也随即辗转来到上海，进

▷ 冼星海与田汉

入国立音乐院继续学习。

　　不久，冼星海的母亲黄苏英为了躲避广州的战祸，也辗转来到了上海。在同学的帮助下，冼星海在学校附近租下了一处房子，和母亲住在一起。为了资助冼星海继续完成学业，母亲不顾身体多病，又找了一份做佣工的工作。

　　在上海国立音乐院学习期间，冼星海结识了一批新朋友，在思想上也发生了一些新的变化。而对冼星海影响最大的，是他加入了"南国社"。

南国社成立于 1927 年，是一个以戏剧活动为主的进步文艺团体，主要发起人是田汉（即新中国国歌《义勇军进行曲》的词作者）。当时，音乐院的学习主要是一些严格、刻板的专业课目，课余生活也不活跃，南国社里却是一些热情饱满、干劲十足的青年，冼星海在感情上和这些新朋友倒更接近。冼星海担任了音乐部的工作，他时常拉着小提琴为舞台上的演出伴奏。

南国社常常排演一些自己创作的话剧，有些带着伤感的色彩，比如《南归》，有些则带着鲜明的反抗主题，比如《名优之死》、《苏州夜话》、《湖上的悲剧》；有的更是强烈地讴歌了自由和革命，比如《火之舞蹈》等。冼星海在为这些话剧配乐和演奏的时候，学到了不少东西，也开始思考"学音乐到底是为什么"这样的问题。

后来，冼星海把自己的感触写成了一篇题为《普遍的音乐》的文章，发表在院刊上。文中写道：

学音乐的人，没有一个不是抱大志向的。在他们的理想里，充满着乐圣及天才的印象，个个的想望都是将来中国的贝多芬、舒伯特、瓦格纳这样的人物。可是事实上能做到么？……中国的现在，实在难产生像贝多芬的大天才。既然缺乏天才，不如多想办法，务使中国有天才产生之可能。学音乐的人，不要学得了音乐便知足，还要广播全国，感染全国，使人人能歌能舞能奏，全国能够如是，岂不是一件光荣的事么？若不先提倡普遍音乐，恐怕再过几十年还是依然的中国，音乐不振的中国啊！……

冼星海的文章没有得到什么反响，既没有赞成的意见，又没有反对的意见。因为大家当时都埋头在孜孜不倦的业务学习中，头脑里很少考虑这一类的问题，也很少把这类问题与个人前途联系起来。况且，这个平时语不惊人、貌不出众的广东青年，在大家眼中又有什么地位呢？

可是不久，音乐院发生了一件事。冼星海在这件事中的表现，改变了许多人对他的看法。原来，由于学校要向暑假留校的学生征收住宿费、水电费和练琴费，致使学生与校方发生冲突，酿成一起不大不小的学潮，而冼星海正是掀起这次学潮的骨干分子！

冼星海的勇气和担当改变了他在同学们眼中"老实、本分"的印象，却也因此被剥夺了继续留在音乐院学习的资格，同时也粉碎了他毕业后通过留学生考试由国家保送出国留学的幻想。

失学之后，有人劝冼星海不必那样痴心地坚持学音乐了，冼星海自己也曾考虑过找一个职业，挣钱养家。可是，难道仅仅因为这次挫折比较严重，就向命运交出白旗吗？一直苦苦追求的梦想，难道就这样轻易放弃吗？冼星海心中不甘！他的生活经历使他坚信：从来没有绝望的处境，只有对处境绝望的人。只要有决心，肯吃苦，没有做不到的事。他这样记下了自己的感怀：

　　既然已经有志于音乐，就要好好用功，一生不忘，准备经过许多苦恼和失败，不能随遇而安。一个人所向往的事实，常常会使人困苦丧志，但只有做普通人所不能做到的事，吃普通人所不能吃的苦，才能获得人生的真价。贝多芬何尝不是饱吃痛苦、屡经厄运的人呢！然而他的不朽就在这里。

　　"吃得苦中苦，方为人上人。"冼星海从母亲的教诲和名人的故事中得到这种生活信念，他在半生坎坷的生活道路上坚守这种信念，一直到他获得一种崭新的人生观。

　　经过一番深思熟虑，冼星海决定出国继续追寻他的音乐梦想。

求学巴黎

(1929—1935)

矢志不渝

★★★★★

（24 岁）

1929 年初，冼星海下定决心要去国外留学。这一次，他把目光瞄准了在当时被誉为世界艺术之都的法国。

1929 年夏天，一贫如洗的冼星海揣着朋友们凑的 10 元钱，曲线赴法。母亲这一次比三年前在广州和儿子分别时更加坚定了。她为儿子这宏大的志愿所鼓舞，那由于将要长期分别而引起的伤感被这种鼓舞的力量抵消了。母亲偷偷咽下惜别的眼泪，将儿子留下来的衣物、书籍、乐谱分别包扎起来，正像她要把对儿子的留恋也包扎起来一样。她要这样坚忍地过下去，直到儿子从海外归来。

为了省钱，冼星海先登上了从上海开往南洋的商船来到了新加坡。他在儿时曾经居

△ 连环画《冼星海在巴黎》

住过的城市停留了几个月，教书、抄乐谱、做杂工，又筹得了一点可怜的旅费。最后，他在一个朋友的帮助下，在一条开往法国的轮船上找到了工作。工作是沉重的、卑贱的，但他不在乎；工作几乎没有什么报酬，这他也不在乎；重要的是，他终于得到了这个机会，开始了新的万里征程。

然而，巴黎似乎并不怎么欢迎这个风尘仆仆一心投奔它而来的中国小伙子。冼星海来到这里三个星期了，却一直没有找到工作——他必须把音乐暂时放在一边，找个地方安顿下来，先喂饱自己的肚子，等生活基本问题解决之后才有可能进学校、找老师。国内朋友们介绍的几个地方都去过了，有的人一看见他那憔悴的面孔和磨破了衣袖的旧西装，就万分警觉地借故把他支走了；有的非常同情他的处境，但也替他想不出什么好办法，因为他们自己也过着清寒的生活。

在巴黎街头流浪了将近一个月之后，冼星海终于在一位好心的中国同乡的帮助下，找到了一份做餐馆杂役的工作。

每天，天还没亮，冼星海就起床开始了一天的忙碌：早上5点钟到牛奶厂和面包房取货，然后回来迎接最早的一批顾客，为他们提供早餐服务；接着到菜场取菜，然后回来洗碗刷碟，打扫餐厅；客人一拨拨地来，只要有生意做，老板都不会轻易打烊，所以冼星海常常是从黎明一睁开眼睛就得忙到子夜时分。

这样艰辛的体力劳动换来了冼星海暂时的安定生活，虽然他为此付出了身体日渐消瘦的代价，但是他仍然感到很知足。他用第一次拿到的菲薄的薪金买了一把小提琴，忙里偷闲的时候就躲在餐馆的角落里练练，有时候拉得太着迷，也难免听不到老板的吆喝。他的老板当然不喜欢他拉琴，觉得他偷懒，影响生意。他的同事们也不喜欢他拉琴，这些同样生活在社会底层的人怀有深刻的种族偏见，觉得一个东方人拉这种优雅的玩意儿既不合适也无必要。那位介绍他来做工的中国同乡更是一见到他拿琴，就给他找活干，把他指挥得团团转。

可是冼星海性格倔强，他宁愿忍受着老板刻薄的言辞、同事藐视的眼光，也不愿说出他来巴黎学音乐的志愿。"燕雀安知鸿鹄之志"啊！

最初，冼星海租住在巴黎一所最便宜的叫做"蜜蜂窝"的房子里。房子位于一座大厦的顶楼，非常狭小，而且非常破旧。进入这间房子，首先要爬过一层高而直的楼梯，接着又是一层螺旋式的高梯，从外面看更像一个鸟笼挂在空中。这房子原本是楼梯的出口，并不能住人，但房东把这个出口的四周空地用墙围起，把它变成了一个"凹"字形的房间。房间的内部完全像一个狭窄的锁形走廊，仅仅最里面的一面可以放一张小床，紧贴着床的是一张二尺见方的小桌子，桌子上是一面叫做"牛眼"的朝向天空的玻璃窗。每天晚上，冼星海一回到租住的地方，就打开天窗，将半个身子伸出屋顶，专注、忘我地对着夜空拉起小提琴。琴声传出去，邻居们纷纷提出抗议，他们并不愿意在这时候欣赏这位贫困潦倒的音乐家的演奏。可是他有什么办法呢，在这像沙丁鱼罐头一样的房间里，这是他能够采取的唯一姿势啊！为了不影响邻居的睡眠，冼星海给小提琴装上了弱音器，沉浸在一个人的音乐世界里，直至深夜。

既要应付繁重的体力劳动，又要抽时间练琴，凭借过人的毅力，冼星海始终坚持着，但是他那瘦弱的身体毕竟难以超负荷地长时间运转。终于有一天端菜上楼时，他因为眩晕，连人带菜重重地摔在地上。老板气急败坏，同事们也都等着看笑话，只有那位中国同乡感念平时冼星海代他写家信，感念"同在异乡为异客"的艰辛，替冼星海说情。然而一切都无济于事，冼星海还是被无情地解雇了。

巴黎的工作并不好找，冼星海常常处于失业和饥饿之中。为了那一点点维持生活的面包，他曾经做过各种各样低贱、卑微的工作。他在餐馆里跑堂，在理发店当小工，在浴室里帮人修剪指甲，在西餐厅做侍者，帮人喂鸡养羊，帮人守电话看孩子……繁重琐碎的工作使他成天为了最基本的生存需要而疲于奔命。

冼星海在自述那时的艰苦生活时说：

我失过十几次业，饿饭，找不到住处，一切困难问题都遇到过。有几次又冷又饿，实在坚持不住，在街上瘫软下来了。我那时想大概要饿死了，幸而总侥幸碰到些救助的人。这些人是些外国的流浪者。他们大概知道我能弹奏提琴，所以常在什么宴会里请我弹奏，每次给二百法郎，有时多的给一千法郎。我就是这样朝朝暮暮地过活，谈不上什么安定。有过好几天，饿得快死，没法，只得提了提琴到咖啡馆、大餐馆中去拉琴讨钱。忍着屈辱拉了整天得不到多少钱，回到寓所不觉痛苦起来，把钱扔到地上，但又不得不拾起来。门外房东在敲门要房金，只好把讨到的钱给他，否则就有到捕房去坐牢的危险（其实，如不是为了学习，倒是个活路）。有一次讨钱的时候，一个有钱的中国留学生把我的碟子摔碎，掌我的颊，说我丢中国人的丑！我当时不能反抗，含着泪悲愤得说不出话来。——在巴黎的中国留学生很不喜欢我，他们有钱，有些领了很大一笔津贴，但却不借给我一文。有时，我并不是为了借钱去找他们，他们也把门闭上……

即便如此，对于学音乐，冼星海并不感到灰心。每天只要有时间学提琴、看谱、练习作曲，他便能忘记艰辛和屈辱。寒冷的异国他乡，音乐是他唯一的慰藉，也是他唯一的梦想。令他感到深为苦恼的是，没有老师指导怎么提高呢？

▷ 冼星海

➡ 拜得名师

1929 年的一天下午，冼星海急匆匆赶往巴黎音乐院。他要去寻找一个叫马思聪的中国人。

马思聪，广东海丰人，家境殷实，11 岁即随大哥留学法国巴黎，1925 年考入法国巴黎音乐院预科班，1928 年正式考入巴黎音乐院提琴班，成为中国，也是亚洲第一个考入这座高等学府的黄种人。

当时，经过同乡的介绍，冼星海知道马思聪在跟著名的小提琴家奥别多菲尔学习，就想找到马思聪，请他帮忙给自己介绍一位提琴老师。

一见面，冼星海便滔滔不绝地向马思聪倾诉着自己来法国求学的艰辛，表达了自己

▷ 一代音乐巨匠马思聪

的音乐志向。怀着极大的同情和敬佩，马思聪领着冼星海去见奥别多菲尔。当冼星海听说跟这位大师学习的费用是每月 200 法郎时，心里不免紧张起来，可是最后还是鼓足勇气去了。

奥别多菲尔听完了冼星海的陈述，暗自沉吟了一下。这位大师对这个年轻人试奏的成绩不是很满意，又嫌他的年龄大了一点；但是，当听完冼星海讲述学习音乐的经过以后，看着这个年轻人那双眼睛里闪出的火样的热情，这位大师被感动了。他从自己的切身体验中深深知道，在"天才"这个概念的涵义中，有很大的成分是一个人的意志力量和不懈的劳动；在这一点上，这个年轻人引起了他特别的注意。此外，在他教授他的第一个中国学生时，他发现东方人的音乐感和灵动的指触，比他的欧洲学生是有过之而无不及的；他想以自己的这种发现来击败音乐上的那些保守派和狭隘的民族主义者。他向那紧张地期待着回答的年轻人说：

"从今天起你是我的学生。在你有足够的收入以前，我不要你的学费。"

两个年轻人紧紧握住老师的手不放。冼星海的心情更是激动得难以形容。他觉得，世界上总还是有这么一些好人，他们首先考虑的，不是要从人们那里得到一些什么，而是给予人们一些什么。无疑，他是站在这些人一边的。

奥别多菲尔先生富有同情心，但这并不妨碍他对学生的严格。他宁肯延长上课时间，牺牲自己的休息，也要让学生完满地达到每次课程的要求。这对于冼星海是感到特别吃力的，但他并不因此畏缩，他利用晚上的时间勤奋地练习。有时候，从夜半一直到黎明，手指麻了，头脑木了，可是他的无限的青春活力振奋起来，迎着东方射进来的第一道粉红色的光束，伸展一下身躯，到水管旁冲一冲脸，噔噔噔跑下楼去，穿过残夜未尽的冷落街头，又开始了新一天的劳动生活。

这样的日子持续了一年多，虽然冼星海很想谋求一份有足够收入的固定职业，以缴纳学费，但这样的职业却踏破铁鞋无觅处。奥别多菲尔先生对这个勤奋的酷爱音乐的学生是能够谅解的，他不但常常宽慰和鼓励冼星海，甚至还把冼星海介绍给自己的好朋友，请求他们帮助冼星海。

在好心的奥别多菲尔先生的引荐下，法国印象派作曲家丹第成了冼星海的第一个作曲教师。丹第是世界三大印象派作曲家之一，他继承和卓有成效地发展了印象派的作曲技能，在法国享有一流音乐大师的声誉。丹第教授去世后，冼星海又拜在巴黎音乐院的加隆教授门下，学习和声学、对位学和附加曲。后来，奥别多菲尔先生又引荐冼星海跟随著名音乐家里昂古特教授学习作曲，跟著名指挥家拉拜教授学习指挥。

有了名师的指点，冼星海的演奏技巧、音乐理论和指挥技能都得到了迅速的提高。虽然他尚未能成为巴黎音乐院的正式学生，虽然他仍然过着衣食堪忧的窘困生活，但是他知道，自己离梦想已经越来越接近了。

→ 梦想成真

★★★★★

（26岁）

来到巴黎已经两年多了，冼星海除了整日为生活而奔忙外，更是一刻也没有忘记自己的初衷，那就是考上巴黎音乐院。为此，冼星海一面跟着几位老师刻苦学习，一面开始尝试着自己作曲。

在一个寒冷的冬日晚上，蜗居在"蜜蜂窝"中的冼星海睡意全无。刺骨的寒风从小屋的四面八方袭来，让人无处躲藏。没有棉被，冼星海只好裹紧了那件破旧的大衣，可寒气却从大衣的破洞侵入，他觉得自己仿佛跌进了那冰冷的洪水中，怎样挣扎也抓不到可以依附的东西。

冼星海坐了起来，在床头点起一盏煤油灯，可是灯火在凛冽的冷风威胁下又不断熄

▷ 冼星海在巴黎时的照片

灭。窗外的风声更加猛烈，仿佛有千军万马般在嘶叫、悲鸣。一时间，人生的辛酸、故国的思念、漂泊的苦闷一齐涌上冼星海的心头。冼星海心潮起伏，乐思澎湃，难以自制。他忘记了寒冷，忘记了时间，急忙抓过桌上的谱纸，让一串串音符从笔尖，不，是从他的心底，倾泻而出！

激情难抑的冼星海，用了一个夜晚的时间，一气呵成地完成了一个曲子——《风》。这部作品首先得到了他的老师奥别多菲尔先生的肯定，继而又打动了巴黎音乐院的加隆教授。加隆教授把《风》破格搬上了巴黎音乐院新作品演奏会的舞台——原本，这种音乐会只演奏院内学生和老师的作品。这在巴黎音乐院历史上还是破天荒的第一次。

这次演出获得了巨大的成功，得到了巴黎音乐院师生和巴黎音乐界人士的一片盛赞。新闻记者也纷纷前来采访冼星海，报刊上还刊登了冼星海的大幅照片和专访。很快，《风》就被巴黎广播电台作为音乐新作向广大听众推荐和播放。

而更令冼星海高兴的是，《风》还赢得了时任巴黎音乐院教授的世界著名三大音乐家之一杜卡斯先生的首肯。杜卡斯教授热情地夸奖冼星海是一个有才华的青年，甚至还对《风》提出了几点技术性的修正意见，并希望冼星海修改此作品以此报考他主持的高级作曲班。

这是做梦吗？当一个人看见长期以来的愿望就要实现了的时候，反而有些怀疑起来了。不过，这是千真万确的！杜卡斯教授亲口告诉了冼星海考试的项目，要他做好准备。冼星海有信心踏进这崇高的学府大门！

为了全力以赴迎接考试，冼星海辞去了所有临时性的工作，以便腾出更多的时间做好准备。许多老师和朋友都给予了冼星海巨大的帮助和鼓励。尤其是杜卡斯教授，始终关心着冼星海的学习情况，连续几个月抽出时间亲自给冼星海辅导。奥别多菲尔先生也经常给冼星海送来各种音乐艺术书籍、乐谱、钱和衣物。

盼望已久的巴黎音乐院入学考试终于来临了！一些投考者

穿着节日的盛装，夹着漂亮的琴盒和提包昂然走进巴黎音乐院的大门。门警对这些未来的大音乐家们谦恭地施礼。但这是谁？……一个穿着一身旧西装的面容憔悴的中国人，是来抬钢琴的苦力吗？

"干什么的？证件！"门警语气傲慢地拦住了去路。

"投考的。"冼星海扬着头说。

"什么，投考的？"门警以为这个中国苦力在开玩笑，厉声喝道："滚到一边去，别来这里捣乱！"

正在冼星海手足无措之际，杜卡斯教授恰好走来，他看见冼星海，亲热地握着他的手，转身向门警说："这是我的学生。"随即挽着冼星海一起走了进去。

门警几乎不能相信自己的耳朵，他张大了嘴，望着他们的背影，喃喃地说："真是新鲜事！"是啊，他守了几十年的大门，还从未看见过一个中国人居然投考高级作曲班哩！

考试进行得非常顺利，冼星海的表现赢得了考官们的一致肯定。最后，由杜卡斯教授宣布：

"祝贺你，可爱的东方小伙子！你已被正式

录取到我们巴黎音乐院的高级作曲班。由于你出色的表现，我们决定给你颁发荣誉奖。按照学院传统的规定，你现在有权利自己选择奖品。你最想要什么？银杯、服装、名画……"

冼星海觉得有些站不稳了，过度的紧张一旦松弛下来，反而有些失魂落魄。他顿时觉得很疲乏，很饥饿，耳朵里有什么东西隆隆地响起来……

"饭票……"他只吐出了这两个字，就再也不知道该说什么好。众人不解地望着冼星海。

"尊敬的教授，请别见笑，我需要的最高奖赏，就是免于饥饿。"冼星海苦笑着说。

当天，冼星海就获得了一大叠饭票，并被通知，巴黎音乐院将免费供应他的膳食。

→ 刻苦求学

（26-30 岁）

　　1931 年，26 岁的冼星海，这个历经磨难的中国青年，终于正式进入巴黎音乐院学习，实现了自己梦寐以求的夙愿。冼星海万分珍惜这个难得的机会，在学习上更加专心和刻苦了。他像一头被放入牧场的饥饿的羔羊，拼命地啃嚼着营养的草料。

　　尽管学校给冼星海以极大的照顾和帮助，但冼星海在巴黎音乐院的学习和生活仍是十分清苦。在校虽然可以免费用餐，解决了吃的负担，但是昂贵的学费、书费和平常的音乐欣赏观摩票等等，都还需要自己花钱来解决。因此，冼星海和其他同学相比较，仍是个很穷很穷的学生。

　　当时，有些老师和同学对冼星海说：“你

现在已经是作曲系的高才生了，学习和生活经费有困难，可以向中国大使馆申请官费津贴。"冼星海也不愿再依靠师友帮助，希望当时的中国国民政府能支持他的学业，便带着巴黎市长赫里欧所写的亲笔证明，依法去中国大使馆提出申请。那些国民党官员听说冼星海在校期间成绩优秀，还获得了巴黎音乐院荣誉奖，便煞有介事地派人到学校核查，然而几个月后，这事就杳无音讯了。冼星海多次前去交涉，却总是被那些官员们以各种理由推诿搪塞，官费津贴一直没有得到落实。

冼星海终于明白，那些嫌贫爱富的官僚们是看人下菜碟的，如果你是有后台撑腰的公子哥儿，他们便会主动把官费送上门，哪怕你整天优哉游哉，不学无术；若你是无权无势的穷学生，即使成绩再好也没用，他们不会施舍给你半个子儿。从此，冼星海对于腐败的国民党当局再也不抱什么幻想了。

没办法，冼星海只好继续过着半工半读的生活，一边东奔西跑打工赚钱，一边争分夺秒、废寝忘食地学习音乐。一开始，冼星海找了份为一位音乐家抄谱的活计，每天只要工作一两个小时就可以维持生活。可是后来那位音乐家自己也失业了，冼星海无谱可抄，失去了经济来源。冼星海又不得不去餐馆里当跑堂、洗碗碟，去澡堂给人修剪指甲，甚至到车站去当挑夫……

冼星海的贫穷得到了老师和同学的同情，杜卡斯教授给他提供了很多无私的帮助，除了送给他衣服和钱之外，还经常送来乐谱和音乐会的门票。冼星海的一个法国朋友祖尼丝小姐知

▷ 雕塑大师滑田友

道他的苦处后，介绍他认识了两位六七十岁的老修女，她们经济宽裕，喜欢音乐又富于爱心，对冼星海非常同情和喜爱。为了帮助这个勤奋好学的东方青年，两位修女为冼星海腾出了一间小房子，让他免费住下，还经常给他做些有营养的膳食，就像对待自己的儿子一样。

在此期间，冼星海还结识了另一位贫困的中国留学生滑田友。滑田友是来巴黎学雕塑的，和冼星海一样有着伟大的艺术理想，也和冼星海一样贫困潦倒，相同的境遇使两人很快成了好朋友。

因为住在隔壁，冼星海和滑田友几乎天天

见面，国事、家事、天下事都是他们长谈的内容。当时，他们从报纸上一直关注着祖国的时局，得知祖国此刻正经历着严重的危机——日本帝国主义侵占了中国东北，国民党政府却在民族危亡的紧要关头一味退缩，致使祖国的大好河山被侵略者占领，祖国的百姓们流离失所，生活无着……他们为祖国的亲人担忧，更为祖国的前途、祖国的命运担忧。也是从这个时候开始，冼星海开始思考，应该怎样去让音乐同祖国苦难的人民发生关系……

当然，冼星海和滑田友说得最多的，还是对艺术的见解。那时，冼星海所作的乐曲差不多都对滑田友演奏过，滑田友常常对冼星海新作的曲子提出意见。当滑田友身无分文的时候，冼星海也曾把自己赚来的硬币分给滑田友一半。虽然生活拮据，但两个年轻人却能因为彼此的鼓励和关怀获得不尽的勇气和动力。

这段时间，冼星海通过系统的学习增进了不少知识，也促使他不断地思考中西方音乐的差异和交融问题。在《风》之后，冼星海又陆续创作了《中国古诗》、《夜曲》、《牧歌》、《山中》、《杜鹃》等歌曲。这些作品虽然在创作上深受丹第和杜卡斯的影响，带有明显的印象派特点，但冼星海也在努力将自己对中国音乐的感受融入其中。他曾和好友滑田友说：

"关于作曲的问题，我们不应该受人和乐器的限制，比如，乐队最强的时候用大鼓，将来若有必需，大鼓不够甚至可以用大炮。同时也不应该说学音乐的人只有学西洋音乐才是正规，其实我们中国的音乐有很宝贵的遗产，我们可以开发出很大的园地。比如说西洋乐器与中国乐器来个很大的合奏，一切的声音都可以利用到一首曲子里面。"

正是在这种大胆创新的音乐理念的指导下，促使冼星海对中国乐器的制作和使用提出了独到的看法和改进意见，为后来中国民族音乐如何吸收和借鉴西洋音乐奠定了基础。

△ 滑田友雕塑作品《轰炸》

→ 心向祖国

★★★★★

（30岁）

1935年春天，在饥饿与贫困中发奋学习的冼星海，终于以优异的成绩从巴黎音乐院高级作曲班毕业了。学校再次给他颁发了荣誉奖状。

而就在冼星海以饱满的热情投入到毕业作品《游子吟》和《沙乐邦古》舞曲的创作中时，他的恩师杜卡斯教授，却于1935年5月17日这天，因心脏病突发而与世长辞。

杜卡斯教授的去世，对冼星海是个沉重的打击。他捧着一把紫丁香送到老师墓前，眼前被一片朦胧的泪雨所弥漫。多年来，杜卡斯教授以最大的热忱给冼星海无微不至的关怀和谆谆教诲的情景，仿佛就在昨天，历历在目。

▷ 冼星海雕像

冼星海想到，自己从报考巴黎音乐院到毕业，花去了杜卡斯先生多少精力和时间啊！对于自己的生活、工作、前途，杜卡斯先生倾注了无限的爱心、关注和信任。杜卡斯先生曾真诚希望冼星海毕业后能继续留在法国，从事音乐创作，甚至更希望冼星海留在自己身边，留在巴黎音乐院进行音乐研究……

但现在，老师永远离去了！

冼星海不仅怀着无限深情感谢和沉痛怀念杜卡斯教授，同时，也反复思考自己的去向。留在巴黎，凭借他的音乐才华，完全能在巴黎成为一位有名望的音乐家，并获得荣誉、地位和优厚的物质生活。但是，祖国的苦难和民族的危亡，像一块巨石沉重地压在冼星海心头。他想起了在巴黎看过的纪录片《日本占领支那东北三省》《黄河水患》中那一幕幕触目惊心、令人心酸的场面，想起了祖国那些受尽凌辱、痛不欲生的同胞，眼睛里不禁充满了泪水。冼星海毅然决定：回祖国去，把自己学到的一切贡献给亲爱的祖国，贡献给亲爱的四万万同胞！投身于民族解放的伟大洪流中去……

当冼星海把这个决定告诉给他的法国朋友祖尼丝小姐时，祖尼丝小姐好心地劝他说："你们中国正在面临灾难，你不如加入法国国籍，如果你想念母亲，可以把她接来。"

冼星海却说："我理解你的好意，但是我不能这样做。中国有句老话，'国家兴亡，匹夫有责'。尽管我的祖国眼下到处都是战争、饥饿和贫困，但作为她的子孙，我不能留在这里独享安宁，我要回到她的身边去！"

祖尼丝小姐能够理解冼星海的心情，默默地祝福他回国后能够平安、幸福。

冼星海在回国前，把自己精心写就的作品《萨拉班德》舞曲呈现给老师奥别多菲尔先生，作为永久的纪念。奥别多菲尔先生特意邀请了几位著名音乐家，举行了一个别开生面的家庭音乐会，为冼星海送行。他挽着冼星海的胳膊，语重心长地说："希望你回国以后，运用你学到的欧洲音乐技巧和理论，去努力创造具有民族特色的中国音乐，让古老的中华民族音乐在世界乐坛上大放异彩！"

听着恩师的谆谆教诲，冼星海郑重地点了点头。

即将离开自己生活、学习长达六年之久的巴黎城，冼星海心里有一种说不出的滋味。回想起自己到巴黎的几年时间里，尽管历经沧桑，尝尽了人生的痛苦滋味，但在这片热土上，也留下了自己的欢乐和幸福！更重要的是，他荣幸地结识了奥别多菲尔、丹第、加隆、昂古特、拉拜、杜卡斯等音乐大师，他们不但在音乐道路上给予自己热情的指点，更在生活中给了自己无私的帮助！在这里，还有和自己同命运、共患难的同乡和挚友，有曾经给予自己温暖和关爱的法国朋友，这一切，都成为冼星海难以割舍的记忆！

动身回国的日子终于到了，冼星海卖掉了所有衣物，只带着一把小提琴、一件奥别多菲尔先生赠送的冬大衣，还有厚厚的乐谱，启程前往伦敦。——因为回国路费昂贵，当时冼星海又无法筹足这笔费用，他只好托朋友帮忙，在一艘英国货轮上找了一个洗菜的工作，从而得以免费随货轮绕道欧洲、非洲，然后途经香港，转道回国。

1935 年夏末，一路颠沛流离的冼星海终于再次踏上了祖国的土地。

阔别七年了，七年不曾谋面的母亲过得还好吗？深重的灾难使得祖国变成了什么样子呢？祖国又将以什么态度来接待这个从远方学成归来的游子呢？

人民歌手

(1935—1938)

→ 报国无门

1935 年夏天，冼星海回到了久别的上海。

下了船，走出码头，踏上几年来日夜思念的土地，冼星海的心中百感交集，一时竟有些茫然起来。同船的旅客随着前来迎接的亲友欢笑着离去，只有他仍旧孑然一身。一个好心的朋友陪着他，按照母亲信中的地址跑遍了好几条街道，最后终于在上海打浦桥一个破旧的亭子间里，找到了离别七年之久的母亲。

"妈妈，妈妈……"冼星海扑上前，搂住了这个饱经风霜的老人，辛酸而又甜蜜的眼泪，夺眶而出，滴落在母亲的白发上。

"妈妈，好妈妈，你为我受够苦了！"

△ 冼星海在上海

"不，孩子！妈妈只要你能回来……"许多年来，母亲为了支持儿子追求艺术，孤身一人留在上海，仍以帮人做佣工换取低微工资，维持最低水平的生活。老人家年复一年地艰辛度日，等待儿子早日学成归来。今天，儿子终于站在自己面前了，老人感到无比欣慰！

冼星海望着母亲因长年操劳而显得十分苍老的面容，抚着母亲瘦弱的身体，一种说不出的酸楚之情涌上心头，他感到惭愧、内疚、不安。

"妈妈！我发誓，今后再也不离开您了！"

冼星海一回国，消息很快就在上海传开了。

几天来，不断有朋友来看望他。有的朋友坦率地向他述说国内几年来每况愈下的变化，对前途充满悲观失望的情绪；有的满怀激情，衷心希望冼星海能把国外苦学得来的本领贡献给祖国，贡献给人民；还有好心的朋友在报纸上开了专刊，介绍他在法国苦学的经历以及毅然回国的报效之心。

朋友们的殷切期望，使冼星海受到很大的鼓舞，他也多么希望用自己的音乐知识来报效祖国啊！

回上海后，冼星海一直惦记着举办归国音乐作品汇报会。这是他离法前早就和老师、朋友们一起不知议论过多少次的课题。他梦想回国后的第一件事就是向祖国人民汇报他在国外学习的成果。为了开好这个音乐会，在归国途中，冼星海不顾旅途的劳顿，忙中偷闲特意创作了《山中》、《牧歌》、《杜鹃》等女高音独唱曲，以期充实音乐会的内容。

可是，现实却与冼星海的心愿相差太远，他到处奔跑，四处求援，几乎跑遍了整个上海滩，却找不到一家愿意接收他的单位，连自己的母校上海音专钢琴系都婉言拒绝了他！

投靠无门，使得冼星海再一次陷入迷茫之中。

尤其是几天来，两脚重新踏上祖国大地后的所见所闻，更加令冼星海触目惊心：矗立在黄埔江畔的一座座高楼大厦，仍是帝国主义的侵华大本营；到处遍布着洋人开的商行和银行，每天在吸吮着中国人民的滴滴血泪；游逛在南京路上的外国水兵，一个个飞扬跋扈，趾高气扬；追跑在三轮车后的乞儿，个个破衣烂衫，面黄肌瘦。面对现实，冼星海抑制不住心头的愤怒。这就是自己由衷爱戴的祖国！？回国几天来耳闻目睹的现象，使得他的思绪一下子混乱了。他想起七年前，他刚到达巴黎时遭遇的流浪、失业、贫困和饥饿种种悲惨情景。那时，自己乃是为今后更好地为祖国服务去学习音乐，如今经过奋斗，总算达到目的，可是今天的祖国，这样的现实，你学了音乐，又能做些什么？在这风雨飘摇、人人自危的年代，有谁能理解一个从海外归来的普通学子的爱国之心？

尽管处处碰壁，但冼星海并未死心。1935 年秋天，冼星海带着一封巴黎音乐院老师的推荐信，找到了上海工部局交响乐团的指挥梅帕器。该乐团隶属于当时上海滩英国租界的行政机构工部局领导，演奏者大部分是来自欧洲的洋人，中国演奏员寥寥无几。梅帕器听说冼星海是巴黎音乐院的毕业生，又是加隆和拉拜的学生，便同意协助他在国内开一次个人作品音乐会，同时决定请冼星海来乐团指挥贝多芬的《第八交响曲》。

梅帕器的决定在乐团中引起不小的争议，洋

人演奏员们都反对让一个中国的无名小卒来指挥他们的乐队。当冼星海按照约定指挥排练时，一个满头金发、蓝眼珠的乐师十分不配合，不但故意捣乱，还出言不逊地嘲弄冼星海说："你有什么资格当我们的指挥？一个连一部交响乐都没有创作过的国家，怎么能够出现一个好的交响乐指挥呢？"

"哈哈哈……"大厅内爆发出一阵哄笑声，排练场一片混乱。

冼星海被激怒了！

"我认为，这不仅是对我个人的污蔑……"冼星海摔掉指挥棒，愤愤地走出排练厅。

冼星海很少有过这样的激动，气愤、羞辱使他的心情久久不能平静。在国外，他遭受过洋人的欺侮；回到国内，仍然还要承受那些洋人的侮辱！要做一个人格国格不被玷污的中国人，要做一个为国效力的音乐家，是多么困难啊！

冼星海不能容忍洋人对中国音乐的讥笑和挖苦，他下定决心要克服一切困难，写出一部完全属于中国自己的交响乐！

回到家里，冼星海忍受着失业的痛苦，只临时招收了几个小学生教授小提琴，以微薄的收入维持生计，而把大部分时间、精力用来构思和谱写交响乐《民族解放》。他要用事实给那些洋人们以有力反击，要让洋人看看，中国人同样能够创作出世界最优秀的交响乐作品，中华民族是不可辱的民族！

→ 拒绝收买

★★★★★

（30 岁）

20 世纪 30 年代，中华民族处于生死存亡的紧要关头。

1931 年日本帝国主义发动了九·一八事变，在短短三个月里，东北三省全部沦陷。国民党反动派采取"攘外必先安内"的政策，更加诱发日本帝国主义迅速向华北进行猖狂的侵略。大敌当前，国民党政府仍是采取不抵抗政策，在侵略战争面前，不战而退。在这严重的民族危机面前，全国人民在中国共产党的领导和号召下，以高昂的爱国热情投入到抗日救国的斗争中。

1935 年秋天，冼星海早年参加南国社结识的朋友，共产党员、杰出的革命戏剧家田汉来看望他。

老友相见，格外高兴。田汉告诉冼星海，六七年来，南国社在他和朋友们的努力下，演出了许多进步话剧，并跟他详细分析了日本发动九·一八事变侵占东北三省以来的国内形势。

冼星海全神贯注地聆听着田汉的叙说，联想到自己在巴黎求学时所受到的不公正待遇，以及回到上海几个月来，生活没有着落、作品不能演出，更无处发表等一系列不幸遭遇，他深有感触地说："现实一次次地教育了我，我也看透了国民党政府。我不能只是'为艺术而艺术'，终日沉湎于国际音乐家的幻想之中了。大敌当前，我要以音乐为最有力的武器，去奋力挽救祖国的危亡！"

田汉激动地说："希望你像聂耳那样，写出更多振奋民族精神、鼓舞斗志的战歌……"

好友的亲切勉励，给冼星海指明了前进的方向。此后，冼星海和南国社的朋友经常来往，积极参加了当时上海文化界的许多活动。特别是参加了上海歌曲作者协会与左翼剧联音乐小组后，冼星海结识了文艺界许多进步人士，如吕骥、任光、塞克、贺绿汀等人。他们每月集会，一起讨论和创作新歌曲，或是一起探讨创作具有中国民族特点的大众音乐。

不久，冼星海接受南国社的邀请，随社团离开上海，前往南京考察江北大水灾，深入群众中了解灾区人民的苦难生活，倾听被压迫人民的呼声。同时，冼星海还出席了当地的歌咏大会。演唱会上，田汉、聂耳等人创作的歌曲《义勇军进行曲》、

▷ 广东番禺星海公园的冼星海雕塑

《大路歌》、《码头工人歌》等，都深深感动了冼星海，他感到自己的脉搏正与这些歌曲旋律同时跳动，决心向田汉、聂耳等人学习，暂不创作大型作品，专攻救亡歌曲，用自己的音乐去抒发被压迫人民的心声，为抗日救国的神圣事业作出自己的贡献。

正当冼星海充满信心地投入到新音乐运动之际，南京国民党政府却突然煞有介事地关心起他的前途来了。他们特意派了宣传部一名官员，闯入了冼星海的陋室，假惺惺地说："我们早就听说了你在法国巴黎发奋苦读的故事，很钦佩冼先生出众的音乐才华，只是前一段时间由于忙于国事，才没能及时关心冼先生的工作和生活，致使冼先生蒙受委屈，我们深表歉意。"

冼星海疑惑地问道："你们找我有什么事？"

"听说，冼先生还没有找到合适的工作？哎，这样有才华的精英，每天只在家教教学生、拉拉琴……岂不是太大材小用、浪费人才吗？党国决定聘请先生前往南京宣传部工作。"说完，还递上一张南京宣传部的聘用证书。

冼星海冷冷地说："我一个搞音乐的，去那里干不了什么。"

那个官员连忙上前说："先生可以为党国写歌谱曲，比如说谱写《军歌》啊，还可以写蒋委员长倡导的新生活运动歌。只要先生愿意为党国出力，待遇会非常优厚的！"

冼星海看透了来人的用意，当即斩钉截铁地回复道："对不起，收起你的聘书吧，我不适合你们的工作！"

那个官员还不死心，再三提出请冼星海三思，冼星海态度坚决地表示："没什么可以考虑的，我知道自己该做什么！"那个家伙碰了一鼻子灰，自讨没趣灰溜溜地走了。

冼星海宁可失业，也不愿为腐败透顶的国民党政府去写虚伪的赞歌，大义凛然地拒绝了国民党政府的高薪收买。朋友们听说了这事，对冼星海更加刮目相看了。

很快，在热心朋友的引荐下，冼星海热情地为电影《时势英雄》谱写了插曲《运动会歌》。这是他回国后的第一个作品。

在创作中，冼星海大胆尝试，借助广东民歌的特点，使之充满活力和战斗力，唱出了对祖国前途的忧虑和对帝国主义侵略者的强烈愤慨。

→ 救国军歌

★★★★★

（31—32岁）

1935年12月9日，北京爆发了震惊全国的一二·九学生运动，几千名热血青年走上街头，高呼"停止内战，一致对外"、"打倒日本帝国主义"的口号，进行抗日救亡宣传。国民党政府出动大批军警镇压，打伤并逮捕了许多青年学生。

消息很快传到上海等全国各地，爱国青年们纷纷响应，并举行了声势浩大的示威游行。在学生们爱国行动的感召下，冼星海也走出房间，参加斗争，同他们一起游行。冼

◁ 塞克

星海还创作了一支名为《我们要抵抗》的救亡歌曲，在爱国学生当中广为流传。

一天下午，一个叫俯拾的青年拿着他写的《战歌》歌词来找冼星海，请他为歌词谱曲。冼星海看过之后，兴奋地说了一声"好词"，立刻拿起笔来，迅速地在五线谱上写了起来。几分钟后，曲子就谱好了，冼星海唱给俯拾听，俯拾既敬佩又激动地鼓起掌来。随后，这首歌率先在《前奏》诗刊发表，紧接着全国各地很多音乐刊物和歌曲集都进行了转载，特别是群众的游行队伍中也唱起了《战歌》。一些学校和歌咏团队还热情地邀请冼星海亲自教唱这首歌。

不久,冼星海又即兴创作了一首救亡歌曲《救国军歌》。当时,冼星海参加青年学生组织的"爱国学生联合扩大宣传团"示威游行,途中碰巧遇到他早年在南国社认识的老朋友、爱国诗人塞克(原名陈凝秋)。塞克见到冼星海也非常高兴,他拿出自己新写的《救国军歌》歌词,请冼星海为之谱曲。冼星海接过歌词,连读了两遍,就迫不及待地拿出笔在歌词稿纸上写下了旋律。当他画完最后一小节的终止线时,仅用了5分钟时间。收起笔,他就和塞克一起兴奋地唱了起来:

> 枪口对外,齐步前进!
>
> 不伤老百姓,不打自己人!
>
> 我们是铁的队伍,我们是铁的心,
>
> 维护中华民族,永做自由人!

冼星海为这简明有力的歌词配上了朗朗上口、铿锵激昂的旋律,两人唱了一遍又一遍,觉得全身热血沸腾。

塞克当即邀请冼星海在游行现场教大家学唱这首歌。望着周围成百上千双晶亮的眼睛,冼星海忘记了一切,情不自禁地挥动起双臂,一句一句地认真教唱起来。很快,《救国军歌》传遍了整个游行队伍。

随着《战歌》、《救国军歌》在全国各地的广为传唱,冼星海的名字开始被越来越多的人们所熟知。上海百代唱片公司的老板也从中看到了商机,他们找到冼星海,尝试着把这两首歌曲以及冼星海之前创作的《运动会歌》灌制成唱片,没想到投放市场后，很快就全部销完，迅速打破了公司其他唱片的销售纪录，为公司赢得了巨大的利润。

百代公司的老板非常高兴，马上聘请冼星海到公司担任音乐编辑。这是冼星海回国后获得的第一份工作，冼星海十分珍惜，他也趁机在唱片中收录了很多抗日救亡歌曲。可时隔不久，国民党政府下令禁止录制和播放抗日歌曲，强占上海虹口地区的日本鬼子又强行查抄和销毁了百代公司的《战歌》及其他抗日救亡歌曲的底片。公司老板害怕在政治上受到牵连，急忙出来表态拒绝再出版救亡唱片，并把冼星海调离了音乐编辑的岗位，让他去做生意方面的工作。无奈之下，冼星海只好辞职不干了。

离开百代公司后不久，已经在上海音乐界小有名气的冼星海被新华影片公司聘请为音乐部门的负责人。在这个时期，冼星海写下了不少歌曲，如电影《夜半歌声》的插曲《热血》、《黄河之恋》，以及《搬夫曲》、《拉犁歌》、《小孤女》、《潇湘夜雨》、《青年进行曲》等等。这些歌曲由于反映出被压迫群众的心声，音乐具有了强烈的时代精神、浓厚的生活气息和鲜明的民族特色，因而深受广大群众的喜爱。

其中，《拉犁歌》是为反映民族矛盾的救亡电影《壮志凌云》所作的插曲。1936年9月，在电影导演吴永刚的建议下，冼星海跟随《壮志凌云》摄制组到北方农村黄河流域一带"体验生活"。这让生长在南国水乡的冼星海有机会接触到华北农村的生活，感受到黄河流域平原一带的自然环境和风土人情。每到一处目的地，冼星海就深入到群众当中，忙着搜集民歌，参加农村的赶集、庙会，听民间艺人演唱。他还兴致勃勃地来到黄河渡口，去听船夫们的劳动号子；站在黄河的大堤上，听黄河奔涌不息的波涛声。

在黄河采风之后，具有北方农村那种凝重、粗犷浑厚风格的《拉犁歌》顺利谱成了。冼星海采用了一领众呼的劳动歌曲形式，并运用了多声部的和唱来烘托劳动热烈、紧张的情绪和气氛，使歌声充满了浓郁的生活气息。电影放映后，这首插曲不胫而走，迅速流行，在全国各地青年中广为传唱。

多年以后，著名电影导演吴永刚在回忆这段华北生活对冼星海创作的影响时说："在这个期间他的收获，并不一定完全体现在《拉犁歌》里面。今天来追忆二十年来的往事，或许这是他体现在往后的作品里的一个起点，他是一个南国水乡里劳动人民的儿子，以他热爱劳动、热爱生活的感情，所以在当时就孕育着一个创作上的冲动，而在日后的革命斗争生活当中不断地成长，成长为今天不朽的巨作《黄河大合唱》。"

→ 奔赴战区

★★★★★

（32 岁）

正当冼星海专心为电影创作音乐时，新华影片公司的老板为了赚大钱，要求冼星海迎合当时潮流，赶写低级趣味的流行歌曲和流行音乐，当即遭到了冼星海的拒绝。他也因此辞职离开了新华影片公司。

失业后的冼星海虽生活拮据，但仍活跃在上海文化界，为进步的戏剧界、音乐界配曲、配音。在此期间，他义务为《太平天国》、《日出》、《雷雨》等话剧配了音乐，没收取任何报酬。他还热情地义务为青年辅导作曲和指挥；为民众歌咏会培养大批的音乐干部。同时还积极参加进步的音乐组织"歌曲研究会"，同许多文艺界人士一起商讨在全国抗日救亡斗争逐步走向高潮时，如何更好地开展群众性的音乐活动。

1937 年，日本侵略军发动了卢沟桥事变后不久，又制造了八·一三事变，疯狂地向华北、华东要地举行全面的大规模进攻。在日本帝国主义侵占北京、进攻上海，严重威胁到英、美帝国主义的利益和蒋介石的统治时，在全国亿万人民同仇敌忾，抗日烽火席卷祖国大地的形式逼迫下，国民党政府被迫实行抗战，从此，全国进入了关系到中华民族生存的抗日战争时期。

国家兴亡，匹夫有责。冼星海毅然投身救亡，走上了抗日宣传的征途。他常常冒着敌军轰炸，来到上海红十字会开设的战地收容所，为难民们教唱救亡歌曲。1937 年 9 月 19 日，冼星海和上海文化、戏剧界的几百位同志出席了上海地下党发起组织的救亡演剧队的集会。会后，他作为"国民救亡歌咏协会"的常务干事，参加了戏剧家洪深和金山领导的上海话剧界救亡协会战时移动演剧第二队（简称上海救亡演剧二队），负责音乐工作。

当晚，冼星海回到家中与妈妈话别。想到马上就要离开年老体弱的母亲，冼星海心中不由自主地涌起一阵酸楚。而想到自己三十多岁了，却没能让母亲过上安稳舒适的生活，他又觉得很愧疚。当母亲知道自己的儿子要远别，奔赴前线时，尽管有点依依不舍，但老人深明大义，安慰冼星海说："孩子，你放心地去吧，妈妈相信你的决定是正确的。"

次日，冼星海与演剧二队的洪深、金山、王莹、白鲁等十

△ 冼星海（左三）与"演剧二队"队员合影

儿个人，一起离开了战火纷飞的上海，向当时抗日战争最激烈的河南进发。一路上，他们不顾敌机的盘旋、轰炸，每到一地立即热情地以多种形式向当地军民进行抗日救亡宣传，把抗日的火种播向祖国大地。

1937年9月下旬，救亡演剧二队先后到达河南开封和洛阳。冼星海将满腔热情投入到群众性的歌咏教唱活动中，每天，他身背行李，从日出到日落，披星戴月，步行数十里，深入学校、农村进行抗战宣传。无论山村多么偏僻，交通多么不便，他都有请必应。每到一处，冼星海都不顾长途跋涉的疲惫，放下背包，立即组织教唱。

有时没有指挥棒，他会随手拾起一根柴火棍代替它。有时为了让群众尽快学会一首抗日歌曲，他总是不厌其烦地一句又一句、一遍又一遍地反复教唱，直到"学生"都众口一声喊道："会唱了！"他才开始教另一首新歌。

只要有时间，每到一地，冼星海还主动热情地宣传抗日救国道理，并常常主动用深入浅出的语言，为音乐爱好者辅导音乐知识，热情鼓励人们打破旧框框，大胆创作，用音乐作武器，为抗战服务。在冼星海的帮助下，许多青年参加了救亡宣传工作。冼星海那炽热的爱国之心，深深感染了河南人民，推动了当地的抗日救亡工作，鼓舞着广大军民奔赴抗日前线。冼星海也因此成为青年人最敬重的老师和朋友。

1937年10月，救亡演剧二队从河南辗转南下到达武汉。当时武汉的抗日歌咏运动刚刚起步，从歌咏活动的计划安排到组织领导都存在不少问题，教唱的一些歌曲也缺乏号召力和战斗力。冼星海的到来，使这里的情况迅速发生变化。

冼星海和演剧队同志一到武汉，就投入紧张的演出工作，他们在剧场演，在车站演，在码头上演，在空地上演，在卡车上搭起简易舞台，装上扩音器也能演。每场演出前，总是先由冼星海教群众唱救亡歌曲，用铿锵有力的歌声引来大批群众，然后由演剧队演出话剧等节目，每次演出，都受到群众的热烈欢迎。演完节目，全队人员迅即转到别处进行宣传。这时期，冼星海除了参加演剧队的集体宣传外，还深入工厂、学校和码头，甚至在大街小巷为群众亲自教唱，并亲手创建了几十个群众歌咏团队。为了更好地辅导这些团队开展活动，冼星海每天迎着凛冽的寒风，废寝忘食地奔波于武汉三镇，把抗日的歌曲和思想宣传给武汉三镇的广大群众。

几个月来，冼星海满腔热情地与同志们一起深入工农大众，接近工农民众，在群众斗争的大熔炉里不仅表现了他出色的音乐宣传工作才干，也学到了许多过去在书本上无法学到的东西，思想得到了很大的充实和提高。

1937 年除夕之夜，是一个雪花纷飞的寒冷日子，冼星海收到了母亲托人捎来的缝补好的棉衣。睹物思人，勾起了冼星海对母亲的深切思念。分别四个多月，她老人家一切可好？自古忠孝不能两全，但此时对母亲的惦念，使他坐卧不安。冼星海给母亲写了分别以来的第一封长长的信。信中除了尽吐拳拳之心外，还表达了他对祖国、对人民、对艺术的无限热爱。他写道：

我是一个音乐工作者，我愿意担起音乐在抗战中的伟大任务：用洪亮的歌声震动被压迫民族，慰藉负伤的英勇战士，团结一切苦难的人们。

每当我站在民众面前教他们唱歌，他们热烈地欢迎我，使我产生一种真挚的感情。我是那样热爱民众，我要为他们歌唱。

为着中华民族的生存，我希望一切的母亲们和儿女们都勇敢地向前。中华民族解放的胜利，就是要每一个国民贡献他们的纯洁的爱给国家。同心合力在民族斗争中产生一个新中国。

冼星海是这么想的，也是这样做的。为了开展救亡歌咏活动，冼星海每天起早贪黑，顶酷暑冒严寒，坚持不懈地为学生、工人、村民指挥教唱，谱写了一曲曲深受群众喜爱和欢迎的抗战歌曲。

→ 歌咏运动

★★★★★

（33岁）

1938年初，全国人民要求一致抗日的呼声日益强烈，在巨大的政治压力及共产党人的大力促进下，国民党政府被迫抗战，宣布成立军委会政治部。为了同国民党政府建立抗日统一战线，周恩来担任了军委会政治部副部长，郭沫若任政治部三厅厅长，冼星海被推举为三厅音乐科主任，与早年在"南国社"结识的好朋友、共产党员张曙共同主持抗战音乐运动。

冼星海上任后，每天工作十几个小时，星期日也从不休息。除了在科内搞日常工作外，下班后还要深入基层到许多团队去指导工作。他的一个小记事本上，详细地记下了几十个歌咏团体的名字和辅导时间、地点。冼星海对工作严肃认真，一丝不苟。他去基层辅导一贯遵守时间，从不迟到早退，常常因工作连饭也顾不上吃，十分辛苦。

　　由于形势的需要，救亡演剧二队决定兵分两路：一部分由金山、田方带队为武汉中国电影制片厂拍摄电影《最后一滴血》；其他人由洪深率领继续在河南、安徽农村巡回宣传演出。冼星海留在武汉。

▽ 演剧队队员穿着军装合影

一天清晨，参加拍电影的同志正通宵达旦在摄影棚里忙活，冼星海接到一个电话，得知周恩来要来看望大家。

当大伙迎着晨曦回宿舍时，冼星海兴冲冲地大声宣布："报告大家一个好消息，周恩来副主席要来看望大家。"

大伙以为冼星海为活跃气氛，闹着玩的。共产党的副主席，能到我们这个小小的二队来？大家还真不敢当真。

不一会儿，门开了，周恩来亲切地来到了大家的面前，一一握手致意后，和大家一起随便地坐在地铺上，和蔼地问长问短，又给大家讲起当前的抗战形势、必胜的信心和如何才能制胜，最后还宣布了演出队的任务。

临走时，周恩来走到冼星海面前说道："我读过你的一篇文章，你说'要能吃普通人不能吃的苦'，对吗？"

"是的。"冼星海由衷地点头回答，他在心底里不由得惊叹周恩来的记忆力。

"在一定的条件下，吃苦是必然的，这也是取胜的必要条件，但吃苦并不是我们革命的目的。我们的目的是要建设一个新中国，让四万万大众不吃苦。"

冼星海像个用功的学生，无比激动地聆听并牢记了周恩来的教诲。更令冼星海感动的是周恩来对他无微不至的关怀。

有一次，冼星海有事去找周恩来，周恩来见他的头发和胡子很长，就亲切地问："你为什么不理发？"冼星海回答说："因为救亡歌咏工作很忙，实在没有空出去理发。"

不久后的一天，冼星海正在音乐科里谱曲，周恩来带着理发员小赵来了，还风趣地说："小赵同志，看看谁是你的服务对象。"

小赵往屋里巡视一遍，来到冼星海身边，把白围布抖开："怪不得周恩来同志让我来呢，你的头发都可以做鸟窝了，星海同志，快坐下吧。"

冼星海一捋头发，望着周恩来，心里热乎乎的，激动得说不出话来。

"理发吧。"周恩来笑吟吟地说，"星海同志，工作再忙，也不能忘了自己的生活哟。"

冼星海从周恩来和同志们的关怀中受到巨大鼓舞，增添了无穷的力量，工作劲头也更大了。

这时期，武汉成了全国的政治文化中心。当时，有两种政治力量正进行着尖锐的斗争：坚决抗日的进步力量和投降卖国的反动势力。为了更有力地打击反动派，在周恩来、郭沫若和田汉等人的领导下，冼星海决定利用三厅的合法地位，在5月组织一次由十万群众参加的歌咏火炬示威游行，并由他亲自担任总指挥。

经过严密的组织，大会如期举行。

这天，武汉上空风和日丽，晴空万里。歌咏大会在汉口川北的一个跑马场举行。清晨，一支支由冼星海亲自创建和领导的歌咏队，手持火把，雄赳赳气昂昂地进入会场。接着，各界

△ 演剧队在武汉江汉关前演出

群众队伍也高呼口号从四面八方云集广场。此时，浩瀚的江面上数百只木船排成一字形，上面坐满了手持火把的青年男女学生，浩浩荡荡，犹如一条长龙，在江面游动，场面十分壮观。

郭沫若在歌咏大会上发表了慷慨激昂的开幕词，在提到抗日救亡歌咏运动的作用时，他说："歌咏是最感动人的。歌咏可以团结自己的力量，涣散敌人的军心……目前我们的敌人尽管是那样残暴，尽管他们有很多的飞机大炮，但我们要准备用歌咏的力量来把它摧毁! 我们要把我们的歌声传遍全武汉，传遍全中国，传遍全世界! 我们要把全世界的朋友鼓舞起来，打倒我们共同的敌人! 打倒日本帝国主义!"

郭沫若讲话结束后, 冼星海满怀激情登上最高指挥台, 指挥群众高唱《义勇军进行曲》和《大刀进行曲》等救亡歌曲, 民众们群情激奋, 歌声响彻武汉三镇!

大会结束后, 数十万群众高呼口号, 唱着战歌举行了声势浩大的示威游行。夕阳西下, 夜幕降临, 数十万群众手中的火把点燃了, 燃亮的火炬, 在人们手中晃动着、跳跃着。霎时间, 江中、岸上火光相映, 歌声相连, 汇成了歌的海洋和火的海洋。举目四望, 一条条船只像咆哮着的火龙, 逐波翻腾, 仿佛把江面也要点燃起来, 好一番壮丽的景象!

沸腾的武汉, 成了我国现代音乐史上少见的、规模空前的群众性歌咏活动的中心。

如火如荼的群众性抗日音乐运动的开展, 也大大激发了冼星海的创作积极性和创作灵感。他利用十分繁忙的社会活动的间隙, 抓紧分分秒秒创作了大量形式、风格多样的优秀抗战歌曲, 如《到敌人后方去》《游击军》《在太行山上》和《祖国的孩子们》等。这些优秀歌曲, 通过群众的演唱传遍了祖国各地。

1938 年 6 月的一天晚上，冼星海刚刚回到音乐科所在地武昌郊区的华林，一个游击队打扮的小伙子急冲冲闯了进来："我是从山西来的桂涛声，想请星海同志为太行山的战友们谱一支队歌。"

冼星海一边让桂涛声给大家介绍山西游击队与日寇英勇搏斗的战地实况，一边盯着桂涛声写在烟盒上的歌词，仿佛身临现场和大家一同浴血奋战，与大家一道为胜利欢呼雀跃，随即音乐形象展现眼前，冼星海用笔赶紧记录下了灵感：由舒展、宽广、明朗、向上的小调主旋律，引出战斗性的进行曲旋律，既充满青春朝气，又有豪迈精壮的气势。

桂涛声的话音刚落一会儿，冼星海便兴奋地说："大家听听山西抗日队歌《在太行山上》这么唱行吗？"边说边摇着手臂，打着拍子唱了起来：

> 红日照遍了东方，
>
> 自由之神在纵情歌唱，
>
> 看吧！
>
> 千山万壑，铜壁铁墙，
>
> 抗日的烽火燃烧在太行山上，

△ 冼星海指挥排练《黄河大合唱》

气焰千万丈。

听吧!

母亲叫儿打东洋,

妻子送郎上战场。

我们在太行山上,

山高林又密,兵强马又壮。

敌人从哪里进攻,

我们就要它在哪里灭亡!

　　满屋的人都惊呆了,没想到冼星海这么快就谱成了如此美的旋律!不久,这首歌在武汉七·七抗战纪念宣传周的歌咏大会上演出,受到了群众的强烈喜爱，并很快传遍了全国各地、城市乡村，到处都可以听到"敌人从哪里进攻，我们就要它在哪里灭亡！"的歌声。

7月初，冼星海又为山西来的先珂同志谱好了一曲《游击军》，歌咏队的骨干们竞相传唱。

7月6日，武汉举行了第二期抗战宣传周歌咏火炬大游行。近五十万民众高举自制的火炬，表达自己如火般的救亡热情，也为古老的黄鹤楼涂上了一层耀眼的光辉。

在火把和探照灯的照耀下，冼星海伸展双臂，统一指挥着几十万游行的群众唱起了《游击军》：

> 喊嚓喊嚓，
>
> 三个五个，一群两群，
>
> 在平原上，在高山顶，
>
> 我们是游击队的兄弟，
>
> 化整为零，化零为整。
>
> 不怕敌人的机械兵！
>
> ……

这首歌生动地描绘了游击战士三五成群出现在平原上、高山顶上，给敌人以狠狠打击的战斗场面。歌曲跳荡的节奏，表现了战士机智勇敢的形象和豪迈乐观的战斗精神，具有很强的感染力。

冼星海的这一首首战歌，产生于群众伟大革命斗争实践，具有强烈的战斗性。他的音乐作品几乎都是为了适应当时正蓬勃发展的群众性救亡歌咏运动的需要而创作的，所以歌曲一经传唱，不仅在当时受到各阶层群众的广泛欢迎，而且也经受住了历史的考验，被认为是继聂耳之后在我国近代音乐史上最富有时代精神的代表作，开创了音乐史上的新纪元。

燃情岁月

（1938—1945）

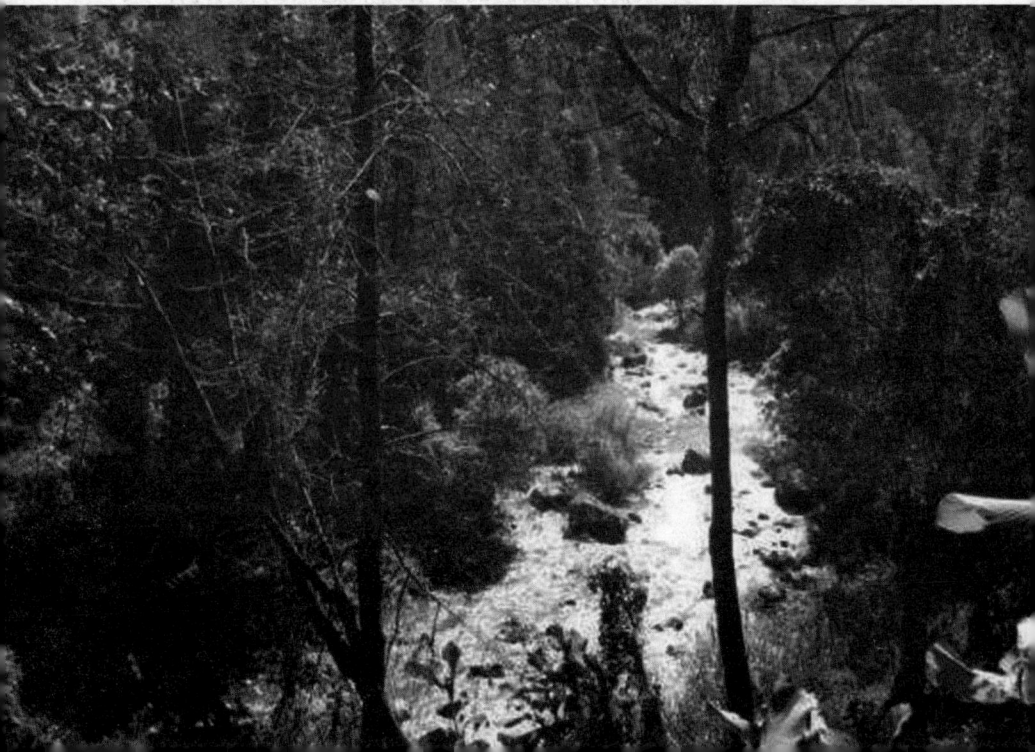

⊕ 党的召唤

　　1938 年夏秋之交，正当冼星海以饱满的热情和精力从事抗战歌曲创作和广泛深入地开展抗日救亡歌咏运动时，国民党反动派暴露了"假抗日，真反共"的真面目。国民党代表陈诚派自己的秘书谢然之来到音乐科，想以月薪 800 元音乐将官之衔来收买冼星海，冼星海愤慨地指问："救亡有什么罪？难道想让我们当亡国奴吗？"他斩钉截铁地拒绝了国民党的高薪聘请。国民党政府便下令解散群众歌咏团，对抗战歌曲实行审查、限制、排斥甚至禁唱，借机排斥冼星海，而且还规定不准演唱聂耳、冼星海等人作曲的救亡歌曲。

　　不久，冼星海在武汉亲自创立的几百个群众歌咏团队都被迫解散了，冼星海也被当

△ 冼星海和妻子钱韵玲

成"危险分子"被反动派严密监视。冼星海虽抱有满腔热忱，愿为国效力，但当时所处的客观环境却使他无法发挥自己的才能，为此，冼星海心中十分苦闷。

这时，一个叫钱韵玲的女子走进了冼星海的生活。

钱韵玲是著名社会科学家、第八集团军战地服务队队长钱亦石的女儿。她曾经在上海新华艺专读书，后来在武汉市第六小学和第三小学任音乐教师，并加入了冼星海指导的歌咏队。每周，钱韵玲向冼星海学唱救亡歌曲，还学习指挥、作曲和音乐常识，然后又各自分散去组建另外的歌咏队，到街头去进行抗日宣传。

钱韵玲的单纯、安静、朴素、善良给冼星海留下了美好的印象，但两人一直没有深入交往。直到1938年1月29日，钱亦石先生不幸病逝，周恩来、董必武、叶剑英、郭沫若、茅盾、田汉等人发起组织追悼会，冼星海为挽歌作曲并亲自指挥大家唱挽歌，这才知道钱韵玲是他敬仰的前辈钱亦石先生的女儿。这之后，冼星海和钱韵玲二人有了逐渐多的单独交往，感情发展很快，1938年7月20日，他俩在田汉等人的主持下正式订了婚。

然而，新婚的快乐不能抵消冼星海无事可做的痛苦。他在日记中写道：

今天，闷得很，把《抗战中心陕北》读了一次，就感到很高兴，看到他们一班青年……不断寻求真理和民族的解放！我虽然在后方，可是比起他们就觉得惭愧很多！我真怕自己渐渐会落后……中国现在成了两个世界，一个是向着堕落处下沉，另一个就是向着光明有希望地前进，延安就是新中国的发祥地。它拯救着垂亡的祖国，解放那苦难的奴隶……

此前，周恩来去延安之前，已对冼星海的处境、两党合作以来的形势作了详细分析，并介绍了延安革命根据地的情况。当时听完后，冼星海便对周恩来说："我也想去延安。"

"我们早就有这个想法，你去延安会大有作为的。"周恩来高兴地说，"党需要你们，革命没有大批知识分子是不可能成功的。你们去延安的事，我让办事处妥善安排。"

在周恩来的直接关怀下，1938 年 8 月，延安鲁迅艺术学院全体师生给冼星海寄来一封热情洋溢的邀请信以及沙可夫院长亲笔签字的任教聘请书，热情欢迎冼星海到鲁艺音乐系担任教授。后来，学院又给他打了两次加急电报，邀请他尽快前往。

党的召唤，鲁艺音乐系全体师生的殷切期望，激励着冼星海毫不犹豫地踏上了革命的征途。1938 年 10 月，冼星海和他新婚不久的妻子钱韵玲，在武汉八路军办事处的帮助下，从武汉乘火车，一路上冒着敌机轰炸的危险，经郑州、洛阳到达西安。当时，因政治形势不安定，又要等待去延安的车，冼星海只好在西安八路军办事处暂住下来。

冼星海无限向往延安，当他决定要去延安后，什么都阻挡不住他的决心。在西安，有些人对冼星海说，延安生活十分艰苦，黑乎乎的窑洞，虱子爬满身，各方面条件都很差，在那里是无法进行音乐创作的，有人甚至出高薪挽留他在西安工作。后来，当他到达延安后，仍有人劝他离开，但冼星海毫不动摇自己的信念，他说："我不是用钱能买得动的。艺术家有他自己的人格——我们时刻站在民众面前，为人民大众谋利益。"

1938年11月初，在西安八路军办事处的安排帮助下，冼星海身着西服，乔装成华侨商人，与妻子钱韵玲坐上由华侨捐赠的载着医药的救护汽车，越过重重封锁，躲过层层关卡，终于到达了他盼望已久的革命圣地——延安。

→ "鲁艺"教授

★★★★★

（33岁）

延安，是中国共产党人领导的抗日根据地，也是当时中国革命的心脏。

延安位于陕北地区黄土高原中部，城区处于宝塔山、清凉山和凤凰山之间，延河与汾川河在城中交汇。延安城周边崇山峻岭，千沟万壑，地势复杂，这样的自然环境适宜大部队驻扎休整。工农红军进驻延安之后，延安就成为陕甘宁边区政府的所在地，也成为红色首都、革命圣地。在二十世纪三四十年代，巍巍宝塔山、绵绵延河水成为民主、光明、自由和解放的象征，吸引着众多怀抱革命理想的青年不畏艰难险阻投入他的怀抱。在冼星海夫妇到来之前，他们的许多老朋友、旧相识乃至从前的学生都早已聚在延安城了。

冼星海夫妇一到延安，就不顾旅途劳累，顶着敌人的炮火，去鲁迅艺术学院报到，与院长沙

▽鲁迅艺术学院校舍

可夫和音乐系主任吕骥讨论开课的事情。

当时，鲁艺的学习、生活条件十分艰苦，那里没有洁净敞亮的教室，只有黄土高原上的窑洞；没有花树环抱的校园，只有倾斜的黄土山坡；没有灯火辉煌的礼堂，只有辽阔的蓝天下的土坡。到延安几天后，冼星海和妻子钱韵玲搬进了鲁艺附近山上的一个土窑洞。窑洞里面除了土炕、一个小方桌和炉子外，只剩下一小块空地。住的地方条件简陋，吃的就更加寒酸了，平时基本上吃不到肉和鸡蛋，偶尔能吃上一顿小米白菜汤就已经是非常不错了。然而，冼星海对这些都毫不在意，虽然当时他在音乐界已颇有名气，但他把自己当做普通人，和大家一样住窑洞，吃小米饭，喝白菜汤。

1939年初，日寇对延安进行大轰炸，为了安全，党中央决定把鲁艺从北门外迁到延安十里外的桥儿沟。冼星海也跟着搬到桥儿沟后山一个双套窑洞里。从此，冼星海在这个窑洞里度过了一生中最难忘的日日夜夜。

在冼星海的时间表里，除了睡眠，就是学习、接待客人、备课、教学和创作。他把每天的工作排得满满的，白天，他给鲁艺的同学们讲课，同他们一起参加生产劳动；晚上，他不顾疲劳，深入各单位驻地教唱歌，组织群众歌咏活动，回来后还要熬夜搞创作。此外，他每周还要抽出一部分时间到抗日军政大学和中国女子大学进行辅导。晚上出门走夜路，在野外可能碰到狼，因此，他每晚出门时除了拿一盏马灯外，还要带上一根木棍。

△ 冼星海（右）和漫画家华君武（左）、音乐
家盛家伦（中）在延安桥儿沟鲁迅艺术学院合影

曾有人据此写了一首打油诗送给冼星海："马灯闪闪亮，肩扛打狼棒。歌声飞到鲁艺来，星海还在山坡上。"

延安的共产党高层领导人一直都非常重视文艺对中国革命的宣传作用，也非常重视艺术人才。在延安的艰苦条件下，党中央决定每月给冼星海15元津贴，而当时给朱德总司令的津贴每月才只有5元。另外，冼星海每星期能吃到两次肉，两次大米饭，每餐多加一个汤。而更为细致周到的是，组织上还安排广东籍青年学生梁寒光照顾冼星海的生活。梁寒光比冼星海早半年来到延安，起初在陕北公学学习，因为在广东的时候学过小提琴和其他的一些民族弹拉乐器，每当陕北公学组织娱乐晚会的时候，梁寒光都是主要演员。在陕北公学结业后，会音乐的梁寒光就被分到鲁迅艺术学院继续学习，成了冼星海的学生和助手。

当时，鲁艺是整个抗日民主根据地的文艺活动中心，又是中国革命主要的文艺干部荟萃之地，为革命的需要培养和训练了大批的文艺骨干。冼星海在鲁艺音乐系授课的内容十分丰富，除了音乐知识、作曲理论外，他还经常向同学们介绍自己的新作。他的教学方法也十分生动活泼，极能引起大家的兴趣。冼星海在批改同学的作品时，不是先找毛病，而是先分析作品中哪些乐句写得较好，哪一个乐段写得比较成功，总是先给予赞扬和鼓励，然后才提出自己的意见，指出作品的不足与需要改进的地方。他是一位十分谦虚、诚恳的老师，教学作风也十分民主，在修改作品后，他常常这样问同学们："你看，这样改好不好？我们来唱唱看，是不是比原来好一点？"

对于学生的创作，冼星海总是热情地给予支持，并把它打印出来发下去，让同学之间、师生之间互相学习观摩。这样的教学，大大鼓舞了同学们的创作热情，很受大家的欢迎。

在课堂上，冼星海是同学们尊敬的良师；课后，他又成了同学们亲密的朋友。

一到周末，同学们常常三五成群地来到冼星海的窑洞，探讨学习疑难，倾听冼星海艰难曲折的经历，冼星海则慷慨地用

△ 冼星海在延安参加劳动

自己微薄的津贴买置茶点款待大家，笑语盈盈，其乐融融。冼星海还常常鼓励同学们深入到人民群众火热的革命斗争中去，广泛向民间音乐学习，克服困难，自己动手制造乐器。

平时，冼星海特别注意那些有音乐才华的学生，一经发现，就给以热情关怀和指导。一天晚饭后，冼星海正在山坡上练习小提琴，突然听到山下延河畔传来阵阵优美动听的歌声，他立刻循声走去，看到一个小姑娘正在河畔高兴地唱歌呢！他情不自禁地拉起小提琴为她伴奏。小姑娘唱完后，冼星海热情地鼓励她说："小姑娘，你唱得很好！你的乐感很强，你喜欢音乐吗？你应该学习音乐！"

后来，在冼星海的推荐下，这个小姑娘由延安中学转到鲁艺学习音乐。在冼星海的指导下，她的声乐、作曲都有了很大提高。冼星海曾在她的作业本上热情批语："写吧，写吧！你可以写得很好。若写够五十首歌曲，我要给你发一枚奖章。"

多年后，这个小姑娘也像冼星海一样走上了音乐创作的道路。她就是创作出《快乐的节日》《我们要做雷锋式的好少年》等少儿歌曲的著名女作曲家李群。

⟶ 创作高峰

★★★★★

（33岁）

在延安一年多时间，对冼星海来说，是一生中最重要的时刻。

虽然各方面条件艰苦，但延安像个温暖的大家庭。党组织和同志们的关怀、相对稳定的政治环境和丰富的文艺生活，为冼星海进一步研究、探索中国民族音乐的特点和创作中国民族的新音乐提供了有利条件。在这一段日子里，冼星海忘我地工作，从而达到了他艺术生命的顶峰。

刚到延安不几天，冼星海就为陕北公学青年培训班写下了一首《青训班歌》。此后又根据革命斗争的需要写了《一二·九纪念歌》和《保卫西北》等群众歌曲。同时，冼星海还对自己的音乐创作形式作了一些新的探索，他根据延安当时的条件，把创作集中到比较通俗、简单，易为群众接受的陕北歌剧和大合唱等演唱形式上。

1938年底，冼星海用了十天时间，为歌剧《军民进行曲》谱完全部音乐。《军民进行曲》是一部三幕歌剧，塑造了李老伯、李强、李小兰、孔排长、汉奸、伤兵等人物形象。在《我对于创作歌剧〈军民进行曲〉一点意见》一文中，冼星海详细地解析了他的构思初衷，指导人们应该如何去欣赏这部歌剧的音乐。他说，第一场幕前曲描写的是荒乱的时代，车马声、风雨声，营造出人心的惶恐，用不谐和音的奇怪的节奏来表达；第二场幕前曲描写了一个落伍的伤兵在寒风呼啸的夜里艰难地摸进村口，生的希望一直鼓舞他顽强地爬行前进，音乐缓慢而带着悲痛；第三场幕前曲描写的依然是寒夜，稀落的枪声、群狗的吠声、贫弱的村子和苦痛的人民，李小兰夜不能寐，心中倍感凄凉……

△ "鲁艺"音乐系部分人员，前排左二为冼星海抱着女儿,妮娜。

冼星海将《军民进行曲》解释为民族性的歌剧，根据当时抗战的情形创作内容，歌词尽量采用口语，歌曲全是民谣作风，乐队则是中西结合。他仍然将歌剧的创作目的确定为宣传抗战，希望老百姓看完了知道应该怎样进行军民合作，鼓舞人们坚持抗战。

1939 年 1 月 13 日,《军民进行曲》在鲁艺正式公演。冼星海在日记中写道："晚上演《军民进行曲》，第一次演出，我整整指挥了几个钟头! 三场和三幕的幕前曲! 演员方面女的不怎样好，男的大致不坏，不过他们都没有和音乐伴奏配合好。"显然，冼星海对这次首演不甚满意，但这多少是因为受到了延安当时艰苦的物质条件和排练情况所影响。歌剧演出后，在延安引起很大的反响，尽管有些人认为这个作品"太洋化"，但总体反映还是很好的。

冼星海本人对这个作品也还是满意的，他曾说："这歌剧已在前线演出，到现在还有很多人能够念出整个歌剧的歌曲，当我有一天晚上从大礼堂指挥完了《黄河大合唱》的时候，'鲁艺'学生实验剧团一路行一路唱，整个歌剧在路上唱完。因'鲁艺'已迁新校址，从'陕公'大礼堂到'鲁艺'，如果走得慢的话，需要一小时的行程，何况又在黑夜，这虽然是八里路，但他们因为唱歌而忘却了! 这歌剧如果有好的演员和歌唱专家，同时有完全的交响乐队，灯光，布景……可以在任何一个大都会演出的。"

1939 年 3 月，陕甘宁边区在党中央和毛主席的带领下，坚持长期抗战，开展了"自己动手，丰衣足食"的轰轰烈烈的大生产运动。冼星海带头响应党中央的号召，在大生产运动中，他和鲁艺全体师生一起，扛着锄头上山去开荒种地。通过劳动，冼星海认识到开展大生产运动是一件具有历史意义的事情，很想以此为素材写一个大型的、新颖的、有气魄的作品。恰好这时，冼星海在延安见到了曾与自己多次合作的诗人塞克，便向他谈了自己的想法。

塞克一听，不禁大笑起来说："这真是不谋而合啊!"

原来，塞克也深为革命根据地轰轰烈烈的大生产运动所感动，触景生情，正激起他强烈的创作热情。共同的心愿促使两人立即对这部作品的思想内容、表现形式和乐队伴奏等作了仔细的讨论和研究。他们认为，在内容上，要表现中国人民的抗日决心、信心和热情，同时还要表现出根据地大生产运动热火朝天的情景；在形式上要创新，还可以兼用秧歌剧、活报剧、大合唱等形式；在风格上还要有黄土高原的乡土气息……

塞克用一天时间写出了《生产大合唱》的歌词，共分春耕、播种与参战、秋收四个场次。冼星海接到歌词后立即投入到紧张的音乐创作中。他一连奋战了六天，完成了大合唱的全部总谱。在创作中，冼星海特别注意利用根据地提供的条件，因陋就简、因地制宜地进行新的探索，如在乐器上连口琴、胡琴都用上了。为了更好体现民族风格和烘托军民大生产的热闹场面，还有意加强了中国的打击乐器，如锣鼓等。

1939年3月21日晚，《生产大合唱》在陕北公学大礼堂首次演出，由冼星海亲自指挥。当天，简陋的舞台，简单的乐器，用麻袋破布自制的布景和不太明亮的汽油灯，并未影响演出效果，相反，演出受到了广大军民的热烈欢迎，获得了巨大成功。

《生产大合唱》是冼星海创作大型声乐作品的一个重要转折点，第一次有意识地尝试将民族的音调和某些表演形式同传统的西方大型声乐题材相结合，为他后来创作《黄河大合唱》在思想上和技术上进行了有益的探索。

随即，冼星海又与老朋友塞克携手创作了《秋收突击》《三八妇女节歌》、《满洲囚徒进行曲》等歌曲。

从 1938 年 11 月抵达延安后，冼星海一共写了四个大合唱，即《生产大合唱》、《黄河大合唱》、《九·一八大合唱》和《牺盟大合唱》，还写了两个歌剧《军民进行曲》、《滏阳河》；《民族解放交响乐诗》完成了第一部，第二部也完成了大半；此外，还为团体、机关、游击队写了很多歌曲，再加上平时写的民谣小调，总计有五六百首!

→ 唱响"黄河"

★★★★★

（34 岁）

在延安的一年多时间里，冼星海的创作力得到了一次集中的迸发。而为他赢得巨大声誉的，是他谱写的另一首大合唱作品。直到现在，即便不是专修音乐的人，只要说到冼星海，就一定会提到它——《黄河大合唱》。

《黄河大合唱》的词作者是光未然（本名张光年），他与冼星海也是词曲创作的老搭档。1936年6月，光未然在上海参加冼星海领导的上海抗日救亡歌咏大会时，与冼星海结识。两个人一见如故，很快就在一起合作完成了一首纪念高尔基的歌曲。到了1938年春，抗战爆发，光未然和冼星海分别参加救亡演剧队，又一起在武汉政治部三厅工作，冼星海负责音乐，光未然为演剧队举办培训班。两人同住一屋，常常是任务下达后，两人连夜作战，光未然作词，冼星海谱曲，第二天就拿出新歌，让歌咏队试唱。这一时期，他们先后合作了《赞美新中国》和《纪念五一节》等十余首歌曲。

　　武汉沦陷后，光未然率领三厅所属的"抗敌演剧队第三队"在山西宜川县的壶口附近，东渡黄河。在那儿，他目睹了黄河狂啸怒吼、奔腾不息的壮阔场面以及黄河船夫与惊涛骇浪搏斗的情景。这一场面给光未然留下了不可磨灭的印象，激起了他创作长诗《黄河吟》的灵感。1939年1月，光未然在晋西游击区不慎坠马受伤，被演剧三队的队员们送到延安医院治疗。躺在病床上，光未然仍在酝酿着长诗的构思创作。

　　不久，冼星海得知光未然因伤住院的消息，立即前往医院看望。战友重逢，分外亲切，光未然兴奋地跟冼星海谈起自己两渡黄河以及在黄河边上行军时的感受，并说自己打算以此为题材创作一首长诗。冼星海激动地说："太好了！我也早就希望写一部以黄河为题材的大型音乐作品了，请你把长诗写成合唱歌词，我要用富于民族色彩的、新的技巧来谱写，写成一部表现我们中华民族伟大气魄的大合唱！"

光未然欣然应允了冼星海的建议。于是，光未然忍着伤痛，躺在病床上，由他一句句口授，演剧三队的队员们帮忙记录，最终用五天时间完成了《黄河大合唱》的全部歌词。

当天晚上，光未然就请来了冼星海，在病房内开了个小小朗诵会。在听完光未然满腔激情地朗诵完全部歌词以及演剧三队队员们渡河的经历讲述后，冼星海非常兴奋，当即带走了歌词，信心十足地表示一定要在演剧三队离开延安之前

▽《黄河大合唱》手稿

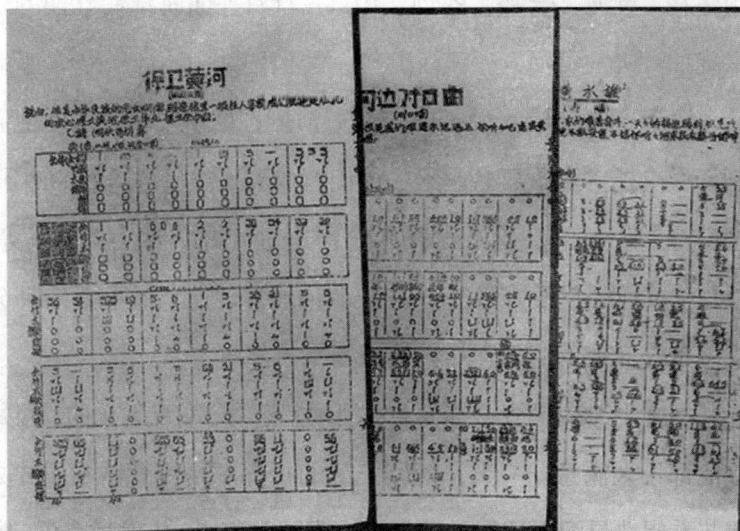

全部谱好曲子。

此时正值春分时节，冼星海刚刚写完《生产大合唱》，而且全延安正处于开展生产自救的高潮时期，他每天都要随着鲁艺师生上山开荒，手上都打了水泡。可是只要有一点点时间，他就窝在小窑洞里，在忽明忽暗的煤油灯下夜以继日地赶写，一旦开始，就不愿停下来休息。偶尔累得不行了，就斜靠在床上闭上眼睛沉吟思索一会儿，马上又回到书桌前奋笔疾书。

无比强烈的创作灵感、无穷无尽的美妙乐思，常常使冼星海处于一种激情难抑的兴奋状态之中。黄河的怒涛在冼星海的心中翻滚，他运用苦学得来的作曲技巧，把自己多年来对祖国命运的关注，对民族灾难的忧愤，对劳动人民的热爱，对中国共产党领导的人民战争的赞颂，对抗日战争必胜的信念，全部倾注在《黄河大合唱》的创作中，一首首一曲曲雄伟壮丽的乐章犹如奔腾的黄河，呼啸而出，一泻千里！

《黄河大合唱》的创作牵动着演剧三队队员们的心，他们打算尽快把它搬上舞台。很快，他们就拿到了冼星海谱好的曲子，先后有《黄河船夫曲》《黄水谣》《河边对口曲》《保卫黄河》等。唯独《黄河颂》没有谱完——按歌词顺序，这个最重要的部分应该是先完成的，而它却偏偏姗姗来迟。

实际上，冼星海一连为《黄河颂》谱写了好几首乐曲，可每首他都不太满意。一天，演剧三队的指挥邬析零和队员田冲去鲁艺看望冼星海。这时的冼星海，眼睛熬红了，头发散乱了，嗓子沙哑了，但辛劳丝毫没有减弱他的创作热情。

见客人来访，冼星海兴奋地说："老邬，你们来得正好！八个歌，我已写好了七个！就这首《黄河颂》怎么也谱不好，一看到'颂'字，就想到教堂里的弥撒曲一类的音乐，一连写了七八遍，唱起来总感觉歌颂的像是上帝，而不是中华民族的伟大精神。"

邬析零建议冼星海从民歌里汲取灵感，并从挎包里掏出了一条香烟和一大包白糖："大家的一点心意，请收下。先别急，我把其他七首先带回去唱唱。"

冼星海拿着三队同志的慰问品，心里暖洋洋的。难为同志们想得这么周到，要知道在那艰苦的时期，这些东西可都是奢侈品呢！

冼星海有广东人的特点，爱吃糖，尤其是动脑时。这样他一用脑，便抓一把糖放在嘴里，顷刻，乐思便如泉涌，糖水变成了黄河奔流的美妙乐句。

经过两个星期日日夜夜的奋战，冼星海终于完成了《黄河大合唱》的全部乐章和乐队伴奏总谱。演剧三队拿到曲谱后，立即展开了紧张的排练。然而，在当时的延安，要排练这部气势磅礴、宏伟的大型作品，却不是一件容易的事。光秃秃

△ 1939年4月，冼星海亲自指挥《黄河大合唱》的排练。

的黄土高原，上哪儿去找伴奏的西洋乐器呢?

大家集思广益，最后终于想出了一个省钱省料、奇特有效的伴奏方法：用一个汽油桶安上一把木把子、两只轴子，将弹棉花的弓子绑上两根牛筋做弦，发出浑厚有力的低音；用铁制的调羹放在吃饭的大搪瓷缸子里一摇，打出了流水样的声音。

在冼星海的指导下，演剧三队的队员们以乐观主义精神，千方百计排除一切困难，热情洋溢地、一次又一次地认真排练。这一幕被来延安观光的美国女作曲家霍芙曼看见了。她十分惊诧，也对他们充满了敬佩，她竖起大拇指对冼星海说：

"了不起，中华民族真了不起，我觉得这是在向全世界宣布，中国这个巨大的、不可抵御的中华民族，正像一个猛狮发出怒吼。这吼声预告着一个新的中国将诞生，我一定要将这部作品译成英文。"

当即，她便端起相机拍摄下了排练的场面，并对两件"特殊的乐器"——装有调羹的大搪瓷缸子和汽油桶做的低音胡来了个大特写。

1939 年 4 月 13 日晚，演剧三队在鲁艺音乐系的协助下，由邬析零指挥，在陕北公学大礼堂首次演出了《黄河大合唱》。光未然亲自上台朗诵了《黄河之水天上来》。演出获得巨大的成功，受到延安群众的热烈称赞。

5 月 11 日，在庆祝鲁迅艺术学院成立一周年纪念音乐会上，再次演出了《黄河大合唱》。那天，以鲁艺师生为主的五百多名合唱队员，站满了整个舞台。舞台狭小，演员众多，合唱队员们向舞台两边拉开，演员和观众连成了一片，场面十分壮观。

毛泽东主席和党中央其他领导同志也来观看了演出。

冼星海身穿灰布上装，腰束皮带，脚穿自己编的布草鞋，手握指挥棒，精神饱满地走上台。《黄河大合唱》在声情并茂的朗诵声中开始了。当《怒吼吧，黄河》的尾音落下的一刹那，掌声、叫好声和抗日的口号声，如雷鸣般从大礼堂后面涌向前台，观众沸腾了！气势磅礴、雄伟壮丽的歌声感染和震撼了在场的所有人！

舞台上的演出结束后，冼星海转身面向群众，再次挥舞指挥棒，带领全体听众和演员一起高唱《保卫黄河》。台上台下，歌声连成一片，礼堂响彻了"保卫黄河，保卫全中国"的震天吼声。

在演员与群众交织的激情里，冼星海看到了自己作为一个音乐家的成功，一次真正的成功！

歌声一停，毛主席和党中央的几位领导同志从座位上站起来，热烈鼓掌。毛主席感动得连声地说："好！好！好！"

这是多么巨大的鼓舞啊！冼星海激动得热泪直流。当夜，他久久不能入眠，起身在日记中感慨地记下了这终身难忘的一幕：

今晚《黄河大合唱》演出了，这是中国盛况空前的音乐会。我永远不能忘记今晚的演出。

后来，毛主席还特意单独接见冼星海，热情赞扬《黄河大合唱》写得好。毛主席亲手送给冼星海一支派克钢笔和一瓶派克墨水，勉励他说："希望你能够为人民创作更多更好的音乐作品。"

冼星海双手接过毛主席的礼物，激动地表示：

"我决不辜负主席的希望，我要加倍努力，把自己的全部精力和整个身心都献给伟大的中华民族，要不停地写、写，一直写到呼吸停止！"

⟶ 蜚声海外

★★★★★

（34岁）

1939年5月，冼星海被任命为鲁迅艺术学院音乐系主任。随后，冼星海向党组织递交了入党申请书。6月14日，他光荣地参加了中国共产党，由一名爱国知识分子转变为一个坚定的共产主义战士。当晚，冼星海兴奋得难以入眠，他激动地在日记本上写道：

今天是我入党的第一天，这是我生命中最光荣的一天。我现在还有许多不足，我要在党的领导下，改变我的思想和人生观，去为无产阶级音乐事业奋斗！

7月8日，在鲁艺为欢迎周恩来从重庆回到延安的文艺晚会上，冼星海再次亲自指挥演出了《黄河大合唱》。周恩来听完后，走上舞台，紧紧握住冼星海的手说："星海同志，

◁ 冼星海与妻子钱韵
玲、女儿冼妮娜合影

祝贺你的成功。——这是一部真正的革命化、民
族化、大众化的合唱。"并高兴地在总谱上挥笔
题词：

为抗战发出怒吼！

为大众谱出呼声！

1939年8月5日，冼星海和钱韵玲的女儿
冼妮娜出生了。次年5月，冼星海赴苏联考察音乐。
在苏联时，冼星海又用欧洲配器法，把《黄河大
合唱》改写成交响乐队伴奏，并补写了序曲，成
为九个乐章。即《序曲》《黄河船夫曲》《黄河颂》、
《黄河之水天上来》《黄水谣》《河边对口曲》《黄
河怨》、《保卫黄河》和《怒吼吧！黄河》。各乐章

之间都以朗诵和乐曲连接，使之串连成一个整体。

第一乐章《序曲》用管弦乐集中对全曲音乐基本主题作了纲领性的呈示，描绘了黄河汹涌澎湃、气象万千的壮丽画面。

第二乐章《黄河船夫曲》是一首惊心动魄的合唱曲。它以磅礴的气势、紧张的情绪、近似呼喊的音调，描绘了黄河船夫迎着惊涛骇浪顽强地驶向彼岸的动人画面。音乐素材吸取了北方民歌和船夫号子的某些音调和节奏，在演唱上采用了领唱、合唱的形式，造成了一呼百应、锐不可当的气势，以表现黄河船夫同汹涌波涛作斗争的紧张情绪，象征中国人民在战争烽火中不可战胜的坚强意志，表达出经过艰苦斗争必将获得最后胜利的坚强信念。

第三乐章《黄河颂》是一首男中音独唱歌曲，表达了诗人对黄河——母亲河的赞美。这一乐章由三个乐段构成。开始乐队奏出一个音域宽广、气息深长的引子，这就是这一乐章的主题，显示出了黄河的雄伟气魄。接下来，男中音唱出了内心热情的赞美。这里唱出了黄河的源远流长和曲折婉转，它象征着中华民族的悠久历史、幅员辽阔。第二段从"啊，黄河"开始，进入一个热情澎湃的音乐段落，这里歌颂了中华民族的伟大及其光荣的革命传统。接着又来了一个"啊，黄河"，这是一个激情的甩腔，音乐上更加热情昂扬。似乎在说，中华民族站起来了，我们不畏强暴、不怕牺牲，誓与外敌斗争到底。此时音乐到达高潮，跟进来的第三个"啊，黄河"使音乐进入第三乐段，这时音乐变成 4/4 拍，气息宽广，像黄河一样奔流而下。这是一个气势雄伟的结束部，象征着祖国的伟大、坚强，以热情奔放的颂歌唱出了广大人民对祖国的深厚感情。

第四乐章《黄河之水天上来》，以配乐朗诵的形式，痛诉民族的灾难和人民的觉醒，全曲字字铿锵有力，蕴涵着无限雄伟的气魄。乐曲中吸取了《义勇军进行曲》和《满江红》的音调素材，讲述了民族的灾难，也歌颂了民族的英雄。但遗憾的是，我们今天在音乐会上很难听到这一乐章了，因为考虑到演出效果，这段常常被省略。

▽ 《黄河颂》和《保卫黄河》歌谱（部分）

第五乐章《黄水谣》是一首民谣式的女声二声部抒情合唱曲，全曲分为三段，以首段充满深情的优美旋律和中段满含悲愤的控诉，刻画了在残暴敌人入侵前后祖国面貌所发生的巨大变化，悲愤的音调虽带着痛苦的呻吟，但没有颓废的情绪，相反，在悲痛凄凉中蕴涵着希望和战斗！这一乐章是全曲中的一个转折点，整个作品的悲剧性和戏剧的矛盾就此展开。

第六乐章《河边对口曲》，是一首男声对唱曲。通过被迫流亡异乡的两个老乡各自互诉痛苦，反映了人民在战争中备受流离失所、国破家亡的灾难以及共同投入战斗的决心。音乐采用了西北地区说唱式的一答一问的对唱形式，配上中国传统的打击乐器伴奏，使全曲富有浓厚的乡土气息。

第七乐章《黄河怨》，是一首曲调淳朴、感情真挚的女声独唱。它以大小调和变化节拍，以悲惨缠绵的音调，唱出了一位被敌人蹂躏的妇女的心声，她满含冤恨，决心带着孩子投入波涛滚滚的黄河，以洗刷敌人给她造成的莫大耻辱。这是一首在我国近代史上少见的、感人至深的戏剧性咏叹调，它把整个大合唱的音乐发展推向了一个悲剧性的高潮。

第八乐章《保卫黄河》，是一首雄壮有力的进行曲，通过齐唱及二部、三部轮唱的复调手法（即八度卡农），刻画了中华民族的优秀儿女为保卫黄河、保卫祖国，奔赴斗争最前线的壮烈情景。衬词"龙格龙格龙格龙"的加入别具风格，听起来，十分灵动和雄伟，此起彼伏，变化无穷。《保卫黄河》是抗日战争

△ 为纪念人民音乐家冼星海诞辰100周年暨抗战胜利60周年，广东百架钢琴奏响冼星海名作《黄河大合唱》。

年代流传最广的一首歌，直至今天，它仍然深受广大人民群众的喜爱。

第九乐章《怒吼吧！黄河》是一个混声合唱，是大合唱的终曲，也是全曲的高潮。前面出现过的几个重要基本主题得到了综合的展现，愤怒的情绪、战斗的号角、坚定的节奏、丰满的合唱以宏伟的气势使音乐达到了最高潮，作品在乐队全奏和八声部合唱气吞山河的澎湃波涛中结束。最后，用无比雄伟、庄严的音调反复五次高唱"向着全中国受难的人民，发出战斗的警号"结束全曲，象征着中国人民反侵略的神圣斗争必将得到全世界的同情和支持，最后胜利一定属于中国人民！

《黄河大合唱》在抗战烽火的洗礼下，迅速成长为中华儿女爱国救亡的号角，并推动了团结抗日的形势发展。与此同时，《黄河大合唱》以其所负载的精神力量和民族个性，在海外华人及世界反法西斯战线中也得到了广泛的认同。

1940 年，一个叫刘良模的人把《黄河大合唱》的乐谱带到了美国，1943 年被普林斯顿大学合唱团首次用英文在美国演唱。从此，《黄河大合唱》作为中国民族精神的一种象征，登上了国际舞台，逐渐蜚声海外。

1945 年，在联合国成立庆祝大会上，美国著名歌手保罗·罗伯逊热情演唱了《黄河大合唱》中的《黄河颂》。

1955 年，在莫斯科柴可夫斯基音乐厅举行的"冼星海逝世十周年"音乐会上，由全苏广播交响乐团乐队伴奏，该团合唱团用俄语演唱了《黄河大合唱》。

1956 年，我国著名指挥家李德伦在莫斯科柴可夫斯基音乐厅，指挥俄罗斯合唱团和莫斯科爱乐交响乐团，又用俄语演出了《黄河大合唱》。

1964 年，在日本神户市，某劳动者业余合唱团用日文演出了《黄河大合唱》，并在演出说明书上注明"日本鬼子"即日本军国主义，并将演出磁带寄赠给词作者光未然。

1983 年，在加拿大多伦多市马茜音乐厅，由该市华人室内

△ 星海音乐厅前的冼星海铜像

乐团首次组织了港、澳、台、大陆留学生同台演出了《黄河大合唱》，现场许多华侨在观演之中哭成了泪人，外国听众也惊叹中国的《黄河大合唱》胜过天主教的弥撒。

1986年，在美国旧金山市戴维斯音乐厅，以东西汇黄河交响音乐会和美中音乐交流会为活动主题，旧金山市歌剧院合唱团、交响乐团演出了《黄河大合唱》。

1990年，为纪念冼星海诞辰85周年，哈萨克斯坦阿拉木图市和俄罗斯莫斯科市等地举办了专题音乐会。

1995 年，美国芝加哥地区华人合唱团等艺术团体，为纪念抗战胜利 50 周年举办交响音乐会演出《黄河大合唱》。

2005 年，为纪念二战结束 60 周年和冼星海诞辰 100 周年，新加坡国立交响乐团和雅歌合唱团在新加坡滨海艺术中心举行了《黄河大合唱》的演出。

此外，这部音乐巨典也曾在澳大利亚、马来西亚、菲律宾、缅甸以及德国、波兰、捷克、保加利亚、罗马尼亚、匈牙利等国家上演过。

《黄河大合唱》作为 20 世纪华人音乐经典作品，光耀千秋，万世永存！

→ 魂断异国

★★★★★

（35—40 岁）

1940 年 5 月，冼星海接受党中央的委托，前往苏联完成抗战新闻电影《八路军与老百姓》的作曲配音任务。

行前，毛主席在杨家岭再次接见了冼星海，并设宴盛情款待。饭后，毛主席勉励冼星海发扬无产阶级国际主义精神，用自己的音乐继续战斗。

5 月 14 日，冼星海告别妻子和刚九个月的爱女妮娜，与电影艺术家袁牧之一道从延安启程。为了不暴露共产党员的身份和纪念母亲，冼星海化名为"黄训"。

几经周折，同年 11 月，他们到达莫斯科，住在高尔基大街第三国际宿舍。

冼星海一到莫斯科，便抓紧每一次学习

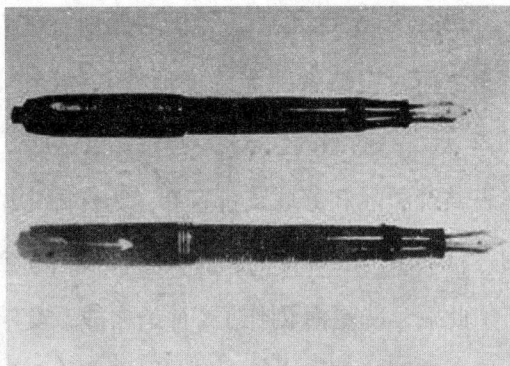

▷ 冼星海用过的钢笔

机会。他带着乐谱去莫斯科音乐院听交响乐，应邀出席苏联音乐家召开的座谈会，热情洋溢地为苏联音乐家弹奏《黄河大合唱》、《义勇军进行曲》等抗日歌曲，由此结交了很多著名的音乐家。

冼星海住在一间配有钢琴的房间，很舒适，但他却常常怀念"鲁艺"这个温暖的大家庭，思念朝夕相处的师生们，也惦念妻子和爱女，想念毛泽东主席。

一天，透过窗子领略莫斯科异国情调，冼星海忽然觉得自己也心越重山，魂飞万里，回到了宝塔山下的延河之滨。这时，灵感来了，乐思如泉涌，他连忙找出1935年就开始琢磨构思的交响乐《民族解放》，将新的旋律谱好，并在标题上端端正正地写上了"此作献给伟大的中国共产党中央委员会和光辉的领袖毛泽东同志"。

1941 年 6 月 22 日，德国法西斯背信弃义向苏联发起突然袭击，面对侵略者肆无忌惮地残杀居民，冼星海无比愤慨。6 月 27 日，共产国际代表季米特洛夫在办公厅接见了冼星海，并代表共产国际和苏联支部宣布，为保障中国艺术家在战争期间的人身安全，准备将他和袁牧之转移到安全地带。

此后，冼星海创作了《神圣之战》交响乐，歌颂苏联人民的反法西斯战争，并把它呈献给了斯大林同志和英勇的苏联红军。

苏德大战战火越来越激烈。冼星海和袁牧之要求参战未被批准，便怀着对祖国深深的眷念，提着装有曲稿和创作札记的大箱子，准备取道蒙古回到祖国，但由于反动派的阻挠，他们不得不停留在蒙古首府乌兰巴托。

在乌兰巴托近一年时间（他为防国民党的暗害改名为孔宇），闲不住的冼星海又开始奔走指挥教唱，他为中国工人俱乐部的音乐爱好者讲乐理，教指挥，教钢琴、小提琴、黑管、三弦，帮助他们学五线谱，还为人民组织乐队，用蒙古民歌编写合奏曲，创作了管弦乐曲《牧马词》和《敕勒歌》。

1942 年 6 月，冼星海被哈萨克斯坦加盟共和国聘请为爱乐管弦乐团艺术指挥，他高兴地告别了乌兰巴托的朋友们，乘车前往哈萨克斯坦加盟共和国首都阿拉木图。

不幸的是，冼星海到达阿拉木图后，由于天气异常寒冷，食物相当匮乏，加上长期营养不良和过度劳累，不久，他便病倒了。

　　但冼星海仍以顽强的意志，不停地创作。为了创作，他不惜卖掉了呢大衣、西装和手表；为了创作，他不止一次地下乡搜集民歌。

　　1945 年初，在苏联共产党的关怀下，冼星海被送进了莫斯科克里姆林宫医院。经诊断，他患有严重的肺结核、腹膜炎、心脏病、肝腹水等多种疾病。

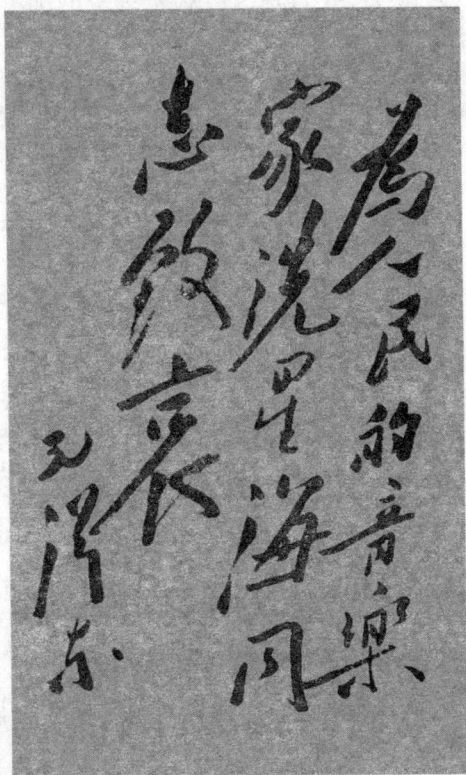

▷ 毛泽东为冼星海题词

躺在病床上，冼星海以顽强的毅力和革命乐观主义精神，战胜病痛的折磨。在每天抽出几立升腹水的情况下，仍用颤抖的手谱写出一个又一个音符，终于用他生命的最后时间完成了他最后的创作——《中国狂想曲》，把它献给朝思暮想的祖国。

1945 年 8 月，当冼星海在病床上听到中国人民取得抗日战争彻底胜利的喜讯之后，他激动得泪流满面，并喃喃地对身边的友人说："假如医生能让我站起来，我就要埋头谱写长诗《胜利》。"然而，死神不断地向冼星海进攻，他的病情不断地恶化。

10 月 30 日晚，被病魔缠绕的冼星海，忽然抬起双臂，有节奏地摆动，似乎正指挥着乐队演奏。慢慢地，他挥动的双手垂了下来。冼星海安详地合上了双眼。这年，他才 40 岁。

巨星陨落，四海悲咽！

冼星海病逝的噩耗传到延安，当时，正值鲁迅艺术学院将迁至沈阳，毛泽东主席拿着莫斯科发来的电报，沉思良久，郑重地对警卫员说：

"通知'鲁艺'，冼星海同志在莫斯科病逝了。按原计划推迟一天搬家，召开追悼大会！"

11 月 14 日，延安隆重举行了冼星海追悼会。鲁艺大礼堂里摆满了花圈，冼星海的巨幅画像悬挂在正中。旁边高挂着毛主席亲笔书写的挽联：

"为人民的音乐家冼星海同志致哀！"

后 记

不朽的音符永远流传于世

风在吼,

马在叫,

黄河在咆哮,

黄河在咆哮!

……

为了编著这本《人民音乐家冼星海》,我特意从网上下载了《黄河大合唱》组曲中的《保卫黄河》,把它作为我写作时候的背景音乐。

这雄浑悲壮、高亢激昂的歌声,仿佛又把我带到当年解放区人民波澜壮阔的斗争之中,那澎湃的战斗情绪正像黄河的滚滚流水和起伏的波涛,展现在面前。

作为我国近现代音乐史上一位罕见的多产而富有创造性的作曲家,作为中国民族新音乐事业的先锋人物,冼星海命运多舛的人生经历与当时灾难深重的民族命运是息息相关的,他起伏跌宕的人生轨迹不仅仅是中国革命的一个生动注脚，而且也是 20 世纪初期中国知识分子投身革命的心灵写照。编著冼星海传记，回顾冼星海的生命历程，也让我再一次走近那段波诡云谲、风云变幻的近代民族史，同时，更引发我进一步思考当代的我们应该如何对待理想，对待苦难，对待事业，对待祖国……

冼星海去世后，他在莫斯科的几个朋友在莫斯科的顿河修道院为他举行了遗体告别仪式。苏联作曲家协会以及其他一些官方代表也出席了仪式。苏联著名作曲家穆拉杰里代表苏联作曲家协会致辞，高度赞扬了冼星海的音乐才华和艺术成就。冼星海的骨灰被安葬在莫斯科近郊的一个公墓里，在骨灰盒的上面镶嵌着冼星海的椭圆形照片，下面刻着金色的俄文："中国作曲家、爱国主义者、共产党员黄训。"

弹指一挥间，38 年过去了。

1983 年，中苏友好协会应冼星海家属的请求，将冼星海骨灰从莫斯科迁回国内，钱韵玲、冼妮娜母女在北京首都机场参加了骨灰迎接仪式。

祖国和家乡的人民以各种方式怀念冼星海。1985 年，在冼星海逝世 40 周年、诞生 80 周年之际，广东音乐家协会和广州市人民政府筹资于当年 4 月 12 日在麓湖公园内专辟场地兴建星海园。星海园的主体是一个呈方形的墓地高台，中央是大理石筑成的墓陵，高约 1.5 米，宽 4 米。

人民音乐家冼星海一生漂泊在外，逝世 40 年之后终于长眠于故乡，正应验了中国传统观念中所谓的叶落归根。

1989 年，广州市人民政府将星海园确定为广州市重点文物保护单位；1995 年，广州市将星海园命名为首批爱国主义教育基地。无论是星海园里的纪念碑、雕像还是纪念馆，都凝聚着人们对冼星海的缅怀和尊敬。

在广东音乐家协会的倡议下，始建于 1932 年的广州音乐院也于 1985 年正式更名为"星海音乐学院"，并于 1992 年由广东省人民政府拨款在院里兴建了一座冼星海纪念馆。馆名由江泽民同志亲笔题写。该馆总面积达 3000 平方米，是目前国内规模最大的纪念馆。展览内容以冼星海生活轨迹为线，以图片、日记、乐谱等形式展示出他各个时期的重要事迹和精神。

1998 年，位于广州二沙岛的星海音乐厅建成，并于冼星海的诞辰日 6 月 13 日正式启用。音乐厅占地 1.4 万平方米，建筑面积 1.8 万平方米，设有 1500 个座位的交响乐演奏大厅，是国内设备最为齐全的专业音乐厅之一。在 4800 平方米的音乐文化广场上，矗立着一座冼星海的青铜雕塑。

而在冼星海的诞生地澳门，人们也一直因冼星海而自豪。为了纪念冼星海，澳门政府将一条位于澳门半岛东南部，外港新填海区东部，北起柏林街，南至孙逸仙大马路的长 450 米的大街，命名为"冼星海大马路"。澳门还多次主办冼星海纪念图片展、音乐会。在冼星海诞辰 95 周年之际，澳门各界在著名旅游景点"大三巴牌坊"举办了《黄河大合唱》露天音乐会，引起数千观众的共鸣。

另外，在冼星海曾经寄居过的阿拉木图，也于1998年建造了冼星海纪念碑和冼星海故居。同时，阿拉木图市决定将市内的弗拉基米尔大街命名为冼星海大街，并为冼星海竖立纪念碑。

冼星海，这位中国人民的好儿子，这位才华出众的爱国音乐家，这位中华民族音乐史上的伟大旗手，虽然只活了短暂的40年，但却为我们留下了无比宝贵的艺术财富，而他的生命本身，就是一曲辉煌、壮丽的雄伟乐章！

冼星海是我们中华民族的骄傲，是中国人民的骄傲，他年轻的生命已成永恒，但他那顽强的精神和不朽的音符却将永远流传于世，永远鼓舞我们奋勇前进！